CONTENTS

Issue
No.30

—

2023

YANGPYEONG
양평

Tripful = Trip + Full of
트립풀은 '여행'을 의미하는 트립TRIP이란 단어에 '~이 가득한'이란 뜻의 접미사 풀-FUL을 붙여 만든 합성어입니다. 낯선 여행지를 새롭게 알아가고 더 가까이 다가갈 수 있도록 도와주는 여행책입니다.

※ 책에 나오는 지명, 인명은 외래어 표기법 및 통용 표현을 따르되 경우에 따라 발음에 가깝게 표기했습니다.

※ 잘못 만들어진 책은 구입한 곳에서 교환해 드립니다.

PREVIEW
: WHY YANGPYEONG

010   양평의 시퀀스는 자연에서 시작된다
      THE OPENING SEQUENCE

014   몸과 마음이 풍요로운 양평
      WELLNESS IN YANGPYEONG

018   예술로 삶을 그리는 양평
      ART IN YANGPYEONG

024   양평 지역 한눈에 살펴보기
      WHERE YOU'RE GOING

SPECIAL PLACES

028   양평의 뉴욕 서종
      SEOJONG

032   양평 동부
      THE EAST OF YANGPYEONG

SPOTS TO GO

038 양평읍 일대
     YANGPYEONG-EUP

042 두물머리 일대
     AROUND DUMULMEORI

046 사계절 힐링 도보여행, 양평 물소리길
     THEME | MULSORIGIL

048 용문산 일대
     AROUND YONGMUNSAN

052 옥천면
     OKCHEON-MYEON

EAT UP

056 고유한 개성과 특색 넘치는, 테마가 있는 카페
     THEME CAFE

062 숲과 강, 눈이 즐거운 풍경과 함께 하는 티 타임
     TEA TIME

064 유럽 전통의 하드 브레드부터 달콤한 디저트까지
     DESSERT

066 깊고 깊은 커피의 풍미
     COFFEE TIME

068 한국인의 취향을 저격하는 한식 맛집
     TRADITIONAL FOODS

070 양평의 숨은 세계음식 고수
     RESTAURANTS

072 먹어도 먹어도 끊을 수 없는 면을 찾아서
     NOODLES

ACTIVITY & EXPERIENCE

076 양평 시장 & 양평 농촌체험마을
     THE LOCAL

078 양평 액티비티
     ACTIVITY

PLACES TO STAY

080 양평에서 숙소 예약하기
     HOTEL & PENSION

PLAN YOUR TRIP

084 이색적인 축제가 한가득
     FESTIVAL

086 양평 교통
     TRANSPORTATION

MAP

087 지도

PREVIEW:
WHY YANGPYEONG

물 맑고 공기 좋은 자연 그 이상의 이야기를 담고 있는 양평의 내밀한 속내를 살펴보고,
그곳에 오래오래 머물며 새로운 삶을 만들어가는 사람들의 이야기를 담았다.
왜 그들은 양평으로 향했을까. 양평 특유의 흐름에 맞게 천천히 들여다보자.

01

THE OPENING SEQUENCE :
양평의 시퀀스는 자연에서 시작된다

02

WELLNESS IN YANGPYEONG :
몸과 마음이 풍요로운 양평

03

ART IN YANGPYEONG :
예술로 삶을 그리는 양평

두물머리

The Opening Sequence

양평의 시퀀스는 자연에서 시작된다

1
PREVIEW

팔당대교를 건너 6번 국도를 타고 동쪽을 향해 달리다 보면 어느덧 좌우로 거대한 물줄기가 펼쳐진다. 푸르른 산림지대를 북에서 남으로, 동에서 서로 에워싸며 흘러온 북한강과 남한강은 고요히 하나로 합쳐진다. 이곳이 바로 두물머리, 양평의 서사가 시작되는 지점. 두 개의 강으로 이루어진 거대한 해자를 건너가는 과정은 마치 깊고도 깊은 물의 나라 아래쪽으로 잠수해 들어가는 것만 같다. 물의 나라에 입국하는 듯한 느낌이야말로 양평 진입이라는 시퀀스가 선물하는 감각.

두 물이 만나는 곳

금강산에서 발원하는 북한강, 강원도 금대봉 기슭에서부터 흘러내려 오는 남한강 두 물길이 만나는 곳이라는 의미를 지닌 '두물머리'는 한국에서 손꼽히는 빼어난 풍광을 자랑한다. 물의 나라 양평의 첫 관문과 다름없는 '두물머리'는 고요한 아침 아름답게 피어오르는 물안개, 황금색 일출과 일몰 등으로 사계절 내내 사람을 끌어모으는 매력이 가득한 곳이지만, 그중 압권은 싱그러운 연꽃이 가득한 여름. 이렇게나 운치 있고 수려한 풍경 덕에 다양한 드라마, 영화, CF의 촬영지로 인기가 높고, 인생 사진을 남길 수 있는 포토 스팟으로 늘 사람이 끊이지 않는다.

양평의 물보다 아름다운 산과 밤하늘

'두물머리'를 지나 양평의 안쪽까지 깊숙이 들어오면 만나게 되는 중미산, 중미산을 지나면 마주하게 되는 용문산. 혹자는 양평의 물보다 아름다운 것이 녹음이 무성한 양평의 산이라 말한다. 양평의 어느 산을 가나 고개를 이리저리 돌려보면 시선 끝엔 언제나 빛나는 초록이 있고, 귓가에는 선선한 바람이, 뺨에는 따사로운 햇살이 내려앉는다. 이 모든 것은 양평에서 경험할 수 있는 자연의 생명력. 양평은 해가 지고 어둠이 내려왔을 때조차 생명력 넘치는 풍경을 선사한다. 숨이 멎을 듯 촘촘하게 하늘을 수놓는 은하수야말로 양평의 백미.

망원경을 깜빡해도 문제가 되지 않는다

중미산 중턱 해발 420M에 자리한 중미산 천문대. 수도권에서 가장 많은 별을 볼 수 있는 이곳은 하늘 아래 위치한 첫 번째 언덕이라는 별명이 전혀 어색하지 않다. 보석처럼 빛나는 별을 무려 3,000여 개나 볼 수 있다고 하며, 망원경을 쓰지 않더라도 충분히 별을 관찰할 수 있을 정도라고 한다. 천문우주학과 출신 전문 강사진의 안내와 함께 우주를 살피고 별을 헤아리다 보면 밤 깊은 줄 모르게 시간이 흘러간다고. 양평에서 만나는 밝디밝은 밤하늘의 매력에 빠진 사람들은 천문대 인근의 자연휴양림에서 하루를 묵으며, 낮에는 나뭇잎 사이로 비치는 햇빛과 삼림욕을, 밤에는 까만 하늘의 보석 같은 별을 바라보며 연인과 가족과 한층 가까워지는 시간을 즐긴다고 한다.

중미산천문대
Ⓐ 양평군 옥천면 중미산로 1268
Ⓗ 19:30~24:00, 화/수 휴무
Ⓤ www.astrocafe.co.kr Map → 7-★2

깜깜한 밤하늘 아래 오롯이 혼자 있는
아득한 감각이 그립다면

온 세상에 나 혼자만 존재하는 것 같은 감각, 외롭기는커녕 우주와 하나가 되는 충만함을 느끼고 싶은 날이 있다. 그런 날이면 양평 벗고개 터널로 떠나야 하지 않을까. 알음알음 밤 사진 명소로 이름난 벗고개 터널은 천문대도 관측소도 아닌 평범한 1차선 도로 위 터널일 뿐이지만, 밤이 되면 양평에서 하늘과 가장 가까운 곳으로 변신한다. 칠흑 같은 밤하늘에 물감을 풀어놓은 듯 빛나는 별들을 보고 있노라면 가슴이 벅차오른다고 하는 이곳을 방문하려거든 주소를 잘 확인해야 한다. 양평 내 3개의 벗고개 터널은 모두 별이 잘 보이지만 그중 으뜸은 금왕리 벗고개 터널이라고 하니, 별빛 여행을 떠나려거든 주소를 꼭 확인하자.

#달리지 않는 철도와 자연

미국의 칠학자이자 직가인 헨리 데이빗 소로우는 월든 호숫가에 머물며 글을 쓸 당시, 매일 아침 자연의 정취를 느끼기 위해 철도를 따라 산책했다고 한다. 자연과 철도라니 역설적인 앙상블인데, 양평 구둔역에 가보면 그 마음을 알게 될지도 모른다. 일제강점기에 지어져 2012년에 폐역이 된 구둔역은 이제는 달리지 않는 철도와 주변 자연의 조화가 아름다운 곳이다. 감성적이고 이색적인 분위기가 매혹적이라 영화 '건축학개론', BTS의 2021 시즌그리팅 굿즈, 아이유 앨범 재킷 등을 촬영하였다.

Wellness in YANGPYEONG

몸과 마음이 풍요로운 양평

2
PREVIEW

바야흐로 웰니스의 시대다. 더 건강하고, 더 행복하게 삶을 누리는 방식, 웰니스 라이프스타일. 양평은 그러한 웰니스 라이프스타일이 자연스럽게 만들어진 곳이다. 몸과 마음을 챙겨 건강하게 잘 사는 것. 지극히 정석적인 표현이지만 양평의 웰니스를 이보다 더 잘 표현할 수 있을까. 양평에서 웰니스라는 단어는 오히려 생경하게 느껴질지 모른다. 이미 너무나 친숙하게, 개념을 넘어 몸에 입혀진 습관이 된 것이 바로 양평에서의 웰니스이기 때문에.

Ⓐ 양평군 서종면 소구니2길 23-8 3층 Ⓘ @helene_7772 Ⓜ Map → ★6

1. 요가공백

양평 서종면에 위치한 웰니스 스튜디오 요가공백은 '세상에 머무는 모든 존재의 고유성을 존중한다'라는 가치 아래 개개인의 해부학적 특성을 고려하여 안전하고 즐거운 요가 수련을 안내한다. 자연 속에서 요가와 명상을 수련하며 몸과 마음의 공백을 찾는 시간을 만들어간다. 평일반, 주말반, 일일 체험 수업과 키즈 요가, 커플 요가 등 다양한 클래스가 마련되어 있다.

INTERVIEW

PROFILE

김민희

요가공백 / 원장

공간이 참 멋집니다. 양평과 잘 어울리는 것 같고요. 양평에 요가공백이라는 둥지를 트시게 된 계기가 무엇이었습니까?

저는 요가지도자이기에 앞서 두 아이를 키우는 엄마입니다. 엄마로서 아이들이 자연과 가까운 곳에서 자랐으면 하는 마음이 있었고 서울을 떠나 이곳에 오게 되었네요. 아이들에게 좋은 삶을 선물하고 싶었던 것이지요. 양평 서종면에 자리를 잡게 된 이유는 아름다운 자연과 더불어 수도권으로의 탁월한 접근성 때문이었습니다. 처음 이곳에 올 때부터 요가공백이라는 공간을 구상했던 것은 아닙니다. 시간이 흐르고 어느새 돌아보니 제가 사랑하는 요가와 자연이 맞닿아 있는 요가공백이 탄생했네요. 이곳은 요가와 자연을 나누기 위한 공간입니다. 이곳에 오신 분들이 몸과 마음의 공백을 찾아가시길 바랍니다.

대표님께서 생각하시는 양평은 어떤 곳인가요?

양평은 내가 그동안 무엇을 쥐고 있었는지, 무엇을 놓고 싶지 않아하는지를 알게 해주는 곳입니다. 조금은 추상적인 말일까요. 서울을 떠나 양평으로 와 자리를 잡으면서 제가 그동안 서울에서 잡고 있던 것들, 흔히 말하는 욕심이라거나 하는 것들에 대해 많이 생각해보게 되었습니다. 무엇을 그리 움켜쥐고 있었던 것인지 곰곰이 돌아보기도 했고요. 그런데, 그 과정에서 역설적으로 양평으로 오면서 많은 것을 버림에도 불구하고 여전히 놓고 싶어 하지 않는 것은 무엇인지도 알게 되었네요. 그리고 양평은 역시나 자연이 참 아름다운 곳입니다. 4계절 각각의 매력이 넘치는 곳이지요. 특히 요가공백이 자리한 서종면은 북한강을 끼고 있는 곳인 만큼 언제든지 강가를 바라보며 따뜻한 차 한잔을 마실 수 있는 곳입니다. 양평은 자연의 아름다움을 오롯이 내어주지요. 꽃이 만개한 봄, 수상 스포츠의 매력이 넘치는 여름, 단풍이 풍성한 가을, 아름다운 설경의 계절 겨울까지 매 계절 새롭습니다.

자연 그 자체인 양평에 머무르는 것만으로도 웰니스를 느낄 수 있을 것 같습니다.

맞습니다. 제가 생각하는 웰니스는 그저 내어주는 만큼 느끼고, 즐기고, 만끽하는 것입니다. 자연을 있는 그대로 받아들이고, 타인을 있는 그대로 바라봐주고, 나아가 나를 있는 그대로 인정하는 것이 웰니스이겠지요. 자애의 마음이 바로 그런 것 아닐까 싶습니다. 요가공백이 추구하는 가치 역시 그와 같고요.

대표님께서 추천하시는 양평의 관광지가 있을까요?

양평은 참 멋진 곳입니다. 그중에서 하나를 꼽기란 참 어려운데, 기회가 된다면 배를 빌려 강 한가운데서 풍경을 바라보는 경험을 해보시길 추천해 드립니다. 강가에서 건너편을 바라보는 것, 강을 등지고 마을을 바라보는 것들과 강 한가운데서 풍경을 바라보는 것은 완전히 다른 차원의 경험입니다. 물 한가운데서 고요히 풍경을 마주하는 감각을 경험해보시기 바랍니다. 물론, 물에서 즐기는 다양한 수상 레저 스포츠도 반드시 즐기시고요.

앞으로 요가공백이 나아가고자 하는 방향이 궁금합니다.

현재는 요가공백의 요가지도자 과정을 준비하고 있습니다. 요가지도자 과정을 통해 소외계층을 돕고자 하는 작은 바람도 있습니다. 미혼모와 같은 사회적 소외계층이 요가지도자로 거듭나 건강한 삶을 살고 웰니스를 나눌 수 있게 된다면 참 행복할 것 같다고 생각합니다.

INTERVIEW

PROFILE

오승희

그레잇테이블 / 디렉터

2. 그레잇테이블 great.able

그레잇테이블은 농부, 예술가, 요리사가 모여 공동 창작하며 먹거리의 생산-유통-소비를 예술의 시선으로 번역하고 전하는 문화 프로젝트이다. 평소에는 양평 양서면 부용리에서 농부님들과 함께 텃밭을 일구고, 일 년에 한 번 양평에서 자연의 테이블을 나누는 참여자 주도형 퍼포먼스 기획 '그레잇테이블'을 진행한다.

@great.able

그레잇테이블을 미리 조사했는데 단번에 이해하기 조금 어려웠습니다. 소개 부탁드립니다.

하하, 저도 한 마디로 뭐라 말씀드려야 할지 어렵습니다. 그레잇테이블은 먹거리를 가공하는 요리사와 같은 사람들이 로컬 농부와 연결되어 소비자에게 직접 경험을 전달하는 과정을 의미하는 '팜투테이블 Farm to table' 운동을 예술적으로 해석하는 문화 프로젝트입니다. 문화 프로젝트인 만큼 저는 '지도에 없는 마을'이라고 표현하기도 하는데요, 일종의 네트워크 시스템이라 할 수 있겠습니다. 2020년에 시작한 이래 평소에는 이곳 양평 부용리의 텃밭에서 호미를 들고 밭을 일구다가, 매년 한 차례 양평에서 동명의 퍼포먼스 행사를 개최합니다. 밭 그 자체를 테이블로 설정하고, 그 밭에 소풍을 나와 로컬에서 생산된 작물로 만든 음식을 나눠 먹는 참여자 주도형 행사이지요.

굉장히 예술적인 프로젝트로 들립니다.

예술의 공간을 서울에서 로컬로, 특정하게 마련된 장소에서 광활한 밭으로 옮기고자 했습니다. 개인적으로 관객이라는 말보다는 참여자라는 말을 좋아합니다. 관객은 필연적으로 주인공이 전제되어

이제 조금 이해가 되는 것 같습니다. 양평을 택하신 이유는 역시 아름다운 자연 때문이었을까요?
물론 양평의 자연도 한몫했습니다. 정확히는, 양평에서 나는 작물의 탁월함 때문이었달까요. 그렇지만 그것이 이유의 전부는 아니었어요. 앞서 그레잇테이블을 한 번에 이해하시기 어렵다고 하셨는데요, 그런 맥락에서 그레잇테이블이라는 프로젝트를 이해할 수 있는 곳으로 가야 했습니다. 양평은 문화적 다양성이 굉장하고 새로운 것에 대한 수용도가 매우 높은 곳입니다. 문화 예술가들도 많이 살고 있고, 농업에 종사하시는 분 중에서 토박이이신 분들도 계시지만, 이주하거나 귀농, 귀촌하신 분들도 많으시지요. 그리고 토박이와 이주민이 특별히 구분되지도 않고요. 이런 다양성을 토대로 새로운 것에 대한 수용도가

무척이나 높습니다. 실제로 이곳 부용리의 농부님께 저의 모호했던 기획을 15분 만에 쏟아냈는데도, 흔쾌히 받아들여 주셨지요.

대표님께서 느끼신 양평의 매력을 조금 더 말씀해주실 수 있으실까요.
저는 개인적으로 양평이 시작되는 지점은 팔당대교 지나서부터라고 생각합니다. 양평은 두 개의 큰 강 안에 산이 들어가 있는 형태이지요. 팔당대교를 지나 양평으로 점점 진입해오면서 마치 물속으로 들어가는 듯한 느낌을 받을 때가 있어요. 서사적 인트로가 시작되는 깃이지요.

그레잇테이블이 바라보는 웰니스란 무엇일까요?
잘 먹고, 잘 놀고, 잘 사는 것. 그것이 웰니스인 것 같아요. 물론 여기서 말하는 '잘 사는 것'이라는 표현은 서울과 양평, 넓게 보면 수도권과 지역에서의 쓰임이 조금 다른 것 같습니다. 아무래도 경쟁이 치열한 수도권에서는 '다른 사람보다' 잘 사는 것이라는 의미로 쓰일 때가 있지요. 반면,

지역에서는 특히 이곳 양평에서는 '같이, 함께' 잘 사는 것이라는 뜻이 될 때가 많다고 느낍니다.

양평에 오면 반드시 들려야 하는 곳이 어디일까요?
로컬의 귀한 것들을 즐길 수 있는 곳을 가보시길 권하고 싶습니다. 그런 의미에서 양수리 로컬푸드직매장 같은 곳을 들려보시길 바랍니다. 그곳에는 서울에서는 보기 힘든 신선함과 진심이 있거든요.

* Editor's Review
"인젠가 미국 라스베가스에서 얼리는 '버닝맨'이라는 페스티벌을 들어본 적이 있다. 예술가들이 자발적으로 모여 각종 퍼포먼스를 펼치고, 맛있는 음식을 나눠먹고, 불태우는 것으로 마무리한다고 하여 꼭 한번 가보고 싶었는데, 그레잇테이블은 마치 한국의 버닝맨 같았다. 예술가들이 삼삼오오 모여 음식을 나누고, 싱잉볼을 연주하고 명상을 하고 행위 예술을 선보이고. 행복과 영감이 가득한 하루였다!"

ART in YANGPYEONG
예술로 삶을 그리는 양평

3
PREVIEW

크고 작은 산줄기 22개, 거대한 물길 2개. 경기도에서 가장 넓은 면적을 자랑하는 양평의 매력을 자연으로만 한정 짓는다는 건 너무나 섣부르다. 양평의 근간을 이루는 또 하나의 축은 바로 문화예술. 예술적 감성이 가득한 도시는 제법 있지만, 양평은 그 분위기가 자못 다르다. 의도적으로 조성된 예술마을과는 다르게 양평은 더 나은 창작 환경을 찾아 자연스럽게 예술인이 모여든 곳이기 때문이다. 예술인이 모인 곳에 다양한 미술관, 박물관이 들어서는 것은 인지상정. 양평만의 예술적 감성을 만나보자.

#그냥 카페 아니고 갤러리 카페입니다

양평을 여행하다 보면 멋진 카페를 너무나 많이 보게 된다. 드라이브를 하던 중 우연히 발견하고 들어가는 경우도 있지만, 이런저런 사정으로 지나치게 되는 때도 있다. 아쉬워할 필요는 없다. 얼마 지나지 않아 금방 지나친 곳 못지않게 멋진 카페를 발견하게 될 테니까. 양평에서 만나게 되는 카페를 유심히 살펴보면 그냥 카페가 아니라 '갤러리'라는 이름을 같이 달고 있는 경우가 많다는 사실을 알게 된다. 갤러리와 미술관은 '전시'라는 공통점을 갖고 있지만, '판매 여부'라는 차이점도 갖고 있다. 요컨대 미술관은 전시를 통해 좋은 작품을 선보이고, 갤러리는 이에 더해 판매까지 가능하다는 것이다. 양평에 머무르며 자연의 영감을 받아 작품 활동에 매진한 결과물 중 일부는 이렇게 카페라는 공간에서 우리와 만난다. 그중 대부분은 그림, 공예품, 인테리어 소품 등 장르를 막론하고 리미티드 에디션, 즉 희소성을 담고 있는 것들.

#축제, 양평 예술의 장

예술이 모이고 모이면, 비로소 생겨나는 것이 바로 축제 아닐까. 수공예품이 모여 플리마켓이 열리든, 미술품이 모여 기획 전시가 열리든 그 모든 것은 축제와 다르지 않다. 감탄하고 즐거워하는 것이 축제의 본질이니까. 양평에서는 하루하루 예술을 온몸으로 느낄 수 있다. 지자체에서 진행하는 대형 축제에서도, 복합문화공간에서 기획한 미술 전시회에서도, 마을 사람들이 옹기종기 모여 운영하는 플리마켓에서도 예술적 감성을 물씬 즐길 수 있다. 양평을 여행할 계획이 있다면 어떤 축제가 열리는지 어떤 전시가 진행되고 있는지 반드시 체크해야 한다.

1. 구하우스

구하우스는 한국 1세대 그래픽 디자이너인 구정순 대표가 평생 동안 수집한 500여 점의 컬렉션을 바탕으로 2016년 7월 1일에 개관한 컨템포러리 아트 미술관이다. 예술과 일상의 경계가 구분되지 않는 현대 미술의 개념과 정수를 담고 있으며, '하우스'를 컨셉으로 예술을 더욱더 아늑하고 편안하게 향유하는 즐거움을 전달하고자 한다. 2021년 아름다운 민간정원으로 선정된 바 있다.

Ⓐ 양평군 서종면 무내미길 49-12
Ⓗ 수/목/금 13:00~17:00, 토/일 및 공휴일 10:30~18:00, 월/화 휴무
Ⓜ Map → 3-★5

INTERVIEW

PROFILE

구정순

구하우스 / 관장

구하우스 미술관을 직접 보니 참 멋집니다. 양평과도 잘 어울리고요. 양평에 자리를 잡으시게 된 계기가 있으실까요?

원래 양평에 소위 말하는 세컨드 하우스가 있었어요. 양평이 워낙 풍경도 좋고, 접근성이 좋다 보니 자주 오가다가 자리를 잡게 되었습니다. 돌이켜보면 시의적절하게 양평에 왔다고 생각합니다. 한창 나이 때는 일도 정말 많이 했지만 아무래도 서서히 조금씩 줄이고 있었거든요. 그러다가 양평에 오게 되었고, 이곳에 미술관을 열게 된 것이지요. 사실 미술관을 열고자 하면 당연히 부지를 확보하는 것이 가장 중요합니다. 여기에 더해 수도권과도 가까워야 한다고 생각했어요. 아무래도 활발하게 활동하는 예술가들은 수도권에 모이기 마련이니까요. 트렌드를 무시할 수도 없고요. 그런 면에서 양평은 미술관을 열기에 적합한 부지가 있었고, 수도권과도 가까워서 자연의 혜택을 누리는 동시에 예술적 트렌드도 잘 흡수할 있다는 이점이 있지요.

양평의 매력은 무엇이 있을까요?

양평은 주택지와 관광지가 오묘하게 조화를 이루고 있는 곳입니다. 그런 오묘한 조화가 주는 매력이 있지요. 그렇지만 이렇게 보이는 것을 넘어서 양평에 오래 머무를 때 느끼게 되는 매력도 있어요. 나에게 허락된 공간이 번잡한 수도권에 비해 훨씬 크다 보니 움직임 자체가 자유로워집니다. 여기서 말하는 움직임은 신체적인 행동만을 말하지는 않아요. 교통의 관점에서 생각해도 내가 어딘가를 가고 싶다고 차에 올라 출발하면 됩니다. 서울에서는 차량을 이용한다고 하더라도 교통 체증 등을 고려하면 약간은 제한되는 듯한 느낌이 있어요. 그런데, 양평은 상당히 자유롭거든요. 이런 물리적인 자유로움과 여유가 마음에도 영향을 줍니다. 자연스레 마음에 공간이 생기고 너그러워지지요. 이건 다른 예술인들도 마찬가지이지 않을까 싶습니다.

관장님께서는 평소 어떻게 시간을 보내시며 양평을 즐기시나요?

북한강을 따라 산책하는 것을 좋아합니다. 구하우스의 위치 자체가 북한강 바로 옆이기도 해서 매일 강을 따라 걸어요. 강을 따라 걸으며 보게 되는 풍경은 늘 새롭고 또 영감을 주지요. 앞서 이야기한 주택지와 관광지가 섞여 있는 오묘한 매력도 걷다 보면 느끼게 되거든요. 양평을 여행한다면 천천히 느긋하게 강을 따라 산책해 볼 것을 권유해 드리고 싶네요.

앞으로 구하우스가 어떤 전시를 선보일지 기대됩니다.

구하우스는 기본적으로 정부의 공식 허가를 받은 미술관입니다. 임의로운 갤러리가 아니지요. 그에 맞게 더 좋은 컬렉션을 보여드리는 것이 유일한 목표입니다. 특별히 지향하고 있는 모습이 있다기보다는 현재의 모습에서 더 발전하여 좋은 미술품을 많이 소개해드리고 싶습니다.

2. 이함캠퍼스

써 이(以) 상자 함(函), 빈 상자라는 뜻을 가진 이함 캠퍼스는 새로운 것을 담기 위해 상자를 비우겠다는 의미를 담고 있다. 이함캠퍼스를 총괄하는 (재)두양문화재단은 문화예술의 저변을 넓히고, 예술과 디자인 분야의 창조적 역량을 끌어 올리고자 노력하고 있다. 다양한 분야의 작품들로 구성한 기획 전시와 더불어 깊이 있는 문화예술 교육과 공연, 각종 행사가 진행된다.

Ⓐ 양평군 강하면 강남로 370-1
Ⓗ 관람시간 : 홈페이지 참조 (동하절기 상이)
Ⓜ Map → 4-★5

INTERVIEW

이함캠퍼스에 대해 간단한 소개 말씀 부탁드립니다.
이함이라는 이름은 빈 상자라는 뜻입니다. 그릇을 비워야만 새로운 것을 담을 수 있듯이 시대적 변화와 전환의 계기가 될 수 있는 다양한 문화적 시도들을 끊임없이 담아내고 비우기를 실천하는 비어 있는 그릇, 즉 열린 공간을 지향하는 마음을 담아 지은 이름이지요. 이곳을 찾아주시는 분들이 문화를 단순히 소비하고 끝나는 것에서 그치지 않고, 문화와의 접촉, 문화적 성장의 경험을 드리고자 하는 곳입니다. 그렇기에 공간 전체를 배움의 장소, 캠퍼스로 만들려고 하고 있지요.

양평에 자리를 잡게 된 이유가 무엇이었을까요.
제일 우선했던 점은 역시 자연환경이지요. 좋은 자연환경이 훼손되지 않고 고스란히 보존된 지역을 찾고 있었어요. 이와 동시에 도심에서 멀지 않으면 더 좋겠다고 생각했지요. 양평은 일상의 삶과 예술이 공존하는 공간을 만들기에 적합한 곳입니다. 결과적으로, 관람객과 자연, 예술이 서로 한 데 어우러질 수 있는 상생의 공간이 되었다고 생각합니다.

양평은 예술적 분위기가 가득합니다. 특별한 이유가 있을까요?
양평에 거주하는 문화예술계 인사를 따져보자면 1000여명이 넘습니다. 인구 대비 예술인 비중이 가장 높은 도시라고 하지요. 이렇게 문화예술 인적 인프라가 풍부하고, 또 자연환경까지 아름다우니 예술적 분위기가 연출되는 것은 어찌 보면 당연한 일이지요.

양평에서 꼭 가봐야 하는 곳이 있을까요?
양평을 대표하는 두물머리는 조금 뻔한 추천일까요. 아직 안 가보신 분이 계신다면 꼭 한번쯤 가보시길 권해드립니다. 그리고 양평읍에서 멀지 않은 쉬자파크 역시 참 좋은 곳입니다. 양평 자체가 여유로운 분위기를 띄고 있는 곳이지만, 쉬자파크는 이름 그대로 정말 쉼을 찾을 수 있는 곳이죠.

이함캐퍼스가 향후 어떤 행보를 펼칠지 기대됩니다.
이함캠퍼스는 문화를 담는 빈 상자로서 누구나 예술과 문화를 채워갈 수 있는 공간이 되기를 바라는 마음으로 설립된 곳입니다. 그 마음 그대로 실천해 나가야겠지요. 또 그렇게 노력할 것이고요. 2023년 11월부터는 '사물의 시차'라는 전시가 준비되어 있습니다. 20세기 가구 디자인전인데요, 지난 전시에 이어 무척 기대가 큰 전시입니다.

3. 김영준나전칠기미술관

국보칠기 나전칠기 공예작가 김영준의 개인 작업실 겸 전시관인 나전칠기미술관에는 현대적으로 승화시킨 나전칠기 미술품이 가득하다. 특히, 빌 게이츠의 요청으로 주문 제작한 XBOX 나전칠기 에디션, 스티브 잡스를 위한 아이폰 케이스 나전칠기 에디션 등이 전시되어 있으며, 2014년 방문한 프란치스코 교황의 나전칠기 의자 역시 감상할 수 있다.

── INTERVIEW ──

PROFILE

김영준
김영준나전칠기미술관 / 작가

Ⓐ 양평군 옥천면 용천로 251 Ⓜ Map → 7-★3

빌 게이츠와 스티브 잡스 그리고 교황님의 의자까지 정말 놀랍습니다. 작가님을 간략하게 소개해주시겠습니까?
저는 나전칠기를 만드는 김영준이라고 합니다. 원래는 여의도에서 증권맨 생활을 했었어요. 제법 성과도 좋았었습니다. 그런데 시간이 갈수록 주식이라는 것이 내 뜻대로만 되는 것도 아니고, 제 고객들이 힘들어하는 모습도 봐야 하고 그런 것들이 쌓이면서 인생 2모작을 준비하게 되었습니다. 요즘은 인생 세 모작이라고도 하던데, 제가 회사에 다닐 당시에만 하더라도 인생 2모작이라는 말도 충분히 신선한 개념이었지요. 퇴사하고 무엇을 할까 고민했어요. 내가 정말 좋아하는 일이 무엇인지 고민했던 시간이었습니다. 고민하다 보니 그림을 하고 싶다는 결론이 나더군요. 제가 원래 어릴 때 그림을 잘 그렸거든요. 미대를 가고 싶었지만, 이런저런 사정을 가지 못했습니다. 어릴 때의 꿈을 다시 한번 좇아보고자 LA로 가 디자인을 배우기 시작했어요. 나전칠기는 지금도 그렇지만 그 당시에도 많은 사람이 하는 분야는 아니었습니다. 저는 그때 한번 도전해보자는 마음이었고 열과 성을 다해 노력하다 보니 이렇게 되었네요.

작품 활동을 시작하시면서 양평으로 오시게 된 것일까요?
처음에는 포천에서 시작했어요. 그러다가 양평으로 오게 되었습니다. 양평으로 온 이유는 사실 테니스 코트 때문입니다. 제가 테니스를 무지하게 좋아하거든요. 사실 테니스 말고도 양평은 체육시설이 정말 잘 되어 있어요. 제가 좋아하는 테니스는 물론이고 다른 운동 시설도 많고, 그냥

양평에는 예술인들이 참 많습니다. 분야가 서로 다른 사람들과 어울리다 보면 또 새로운 영감을 받게 됩니다.

양평에서 자주 가시는 곳이 있다면 소개 부탁드립니다.
최근에는 강하면의 카포레에 자주 갑니다. 카포레는 남한강을 바라보기 좋은 곳인데, 강을 보면서 이런저런 작업 구상을 하지요.

앞으로 어떤 작품 활동을 생각 중이신가요? 협업을 요청하는 곳들도 많을 것 같습니다.
많습니다. 삼성전자에서 협업을 요청한 적도 있고, 이탈리아 방송과 같이 다큐멘터리를 찍기도 했습니다. 넷플릭스에서도 요청이 왔었고요. 그런데, 제가 중요하게 생각하는 것은 그저 제 작품으로 사람들에게 좋은 영감을 주는 것입니다. 구체적으로 말하자면 제 작품을 보고 사람들이 조금 더 밝은 생각을 하게 되길 바랍니다. 아, 최근에는 NFT, STO와 연계하는 프로젝트도 구상 중입니다. 그리고 예술을 통한 제 2의 삶을 꿈꾸는 사람이 있다면 적극적으로 후학을 양성하고 싶은 소망도 있습니다.

나전칠기 기법을 배우는 게 쉽지만은 않을 것 같습니다.
그럼요, 한 10년은 해야죠. 그래야 자기만의 작품을 만들죠. 기존의 틀에서 탈피하는 창의성도 필요하고, 나전칠기에 관한 관심과 열정은 물론이고요. 지금 수강생 중에는 미국에서 오시는 분도 있답니다. 다들 열정이 대단하시지요.

밖에 나가 산책하고 등산을 하기도 좋지요. 최근에는 맨발 걷기를 하고 있답니다. 작품 활동에 매진할 당시에는 하루에 20시간 동안 일을 하고 그대로 잠든 적도 많아요. 그러다 보니 건강이 많이 안 좋아졌죠. 양평에 와서 몸과 마음의 건강을 되찾았습니다. 정말 많이 건강해졌어요.

작가님께서 생각하시는 양평의 매력은 자연이겠습니다.
역시 그렇죠. 양평의 자연 덕분에 몸과 마음이 좋아졌으니까요. 조금 더 긍정적으로 변하기도 했고요. 또, 기본적으로 제 작품의 주제가 자연인만큼, 작품 활동을 하면서 양평의 자연으로부터 영감을 많이 받기도 합니다. 양평에 살면서 거대한 자연을 자주 떠올립니다. 밤하늘도 자주 보고요. 자연을 가까이하면서 증권맨 시절과는 다르게 내려놓는 것도 많이 배웠어요. 이런 것들이 모두 작품 활동의 밑거름이 되지요. 양평의 매력은 자연 이외에 다른 예술인과의 교류가 쉽다는 것도 있지요.

WHERE YOU'RE GOING

양평 지역 한눈에 살펴보기

서종면 일대

양평에서 가장 힙한 곳을 꼽으라면 첫 번째로 떠오르는 서종면. 북한강을 내려볼 수 있는 멋진 카페와 맛집이 가득하다. 서울에서 이주한 예술인이 많이 모여 살기 때문에 마을 전체에 예술적 무드가 배어있다. 두물머리 일대와 함께 서울에 당일치기가 손쉬운 곳.

두물머리 일대

양평 여행의 시작 지점. 두물머리와 세미원에서는 특별한 것을 하지 않아도 그저 아름다운 자연 속에 있는 것만으로 특별한 시간을 만들 수 있는 곳이다. 이 곳에서는 산책이 그 자체로 여행이 된다. 양수리 일대에 있는 멋진 카페와 레스토랑도 들려보자.

양평읍 일대

기차를 이용해 손쉽게 양평 여행을 시작할 수 있는 양평의 중심. 양평군립미술관과 양강섬, 스타벅스더양평DTR 등 양평의 예술과 자연, 트렌드 등을 한번에 즐길 수 있는 알찬 여행이 가능하다. 양평역 앞 물맑은시장과 먹자골목 또한 필수 코스.

용문산 일대

전통적으로 유명한 관광단지. 천년이 넘은 용문사 은행나무가 랜드마크이며, 용문산 일대 곳곳에 위치한 아기자기한 라이프스타일 샵과 힙한 베이커리, 카페들을 두루 둘러보다 보면 하루가 너무 짧다. 용문역과 용문산 관광단지는 도보로 이동하기엔 무리이므로 사전에 교통편을 꼼꼼히 체크할 것.

양평
YANGPYEONG

용문산

양평 양떼목장

국립치유의숲

지평면 일대

천혜의 자연을 오롯이 느낄 수 있는 양평의 동쪽. 자동차를 이용해 드라이브를 하는 것을 추천하며, 구둔역, 국립 치유의 숲, 이재효갤러리 등이 핵심적인 여행지이다. 양평의 서쪽에 비해 여행자들의 발걸음이 적어 비교적 번잡하지 않게 여행할 수 있다. 막걸리를 좋아한다면 반드시 들려야 하는 지평양조장 역시 이 지역에 있다.

SPECIAL PLACES:

01

SEOJONG:
양평의 뉴욕 서종

02

THE EAST OF YANGPYEONG:
양평 동부

WHERE HAVE YOU BEEN?

Special

Seojong

양평의 뉴욕 서종

양평의 뉴욕 서종. 뉴욕이라는 도시는 미국을 대변하기 어렵다는 비판을 종종 받는다. 뉴욕만의 독특한 감성은 뉴욕 고유의 것일 뿐, 확실히 미국 전반에 걸쳐 있는 것은 아니기 때문. 양평 서종면 역시 그러하다. 서울 동부에서 50분 거리에 있는 양평 서종면은 자연 속에 최신 트렌드가 녹아들어 만들어 낸 독특한 무드를 갖고 있다. 전국 어디에서도 찾아보기 힘든 자연 속 힙 플레이스를 소개한다.

1 서후리 숲

서후리 숲은 2014년에 개장한 9만 평 규모의 수목원이다. 단풍, 메타세쿼이아, 자작나무 등 다양한 수종이 존재하며, 운이 좋다면 멸종 위기에 처한 '노란목도리담비' 같은 동물도 마주칠 수 있다고 한다. 개울 물소리, 낯선 새 소리가 가득한 서후리 숲을 걷는 삼림욕 산책 코스는 1시간 길이의 A 코스와 30분 길이의 B 코스 두 가지가 있다.

Ⓐ 양평군 서종면 거북바위1길 200
Ⓗ 09:00~18:00, 수 휴무 Ⓜ Map → 3-★4

> Special
> 1
>
> 양평의 뉴욕
> 서종면

② 테라로사 서종점

서울에도, 강릉에도, 제주에도 지점이 있는 테라로사. 그러나 전국 19개 지점 중 양평의 테라로사 서종점은 유독 인기가 많다. 1, 2층 복층으로 된 서종점은 개방감이 가득하여 마치 공연장에 온 것 같은 분위기를 자아낸다. 알고 보니 한옥 형태의 식당을 개조하고, 후에 다시 확장한 건물이라고.

Ⓐ 양평군 서종면 북한강로 992
Ⓗ 09:00~21:00 (라스트 오더 20:30) Ⓜ Map → 3-C1

③ 매일상회

테라로사 서종점을 반드시 방문해야 하는 이유는 바로 테라로사 서종점 뒤편에 있는 마켓 때문이다. 거대한 붉은 벽돌로 된 테라로사 매장의 뒤로 들어가면 마치 작은 유럽의 플리마켓 같은 풍경이 펼쳐진다. 그 정체는 바로 핸드메이드 제품과 농산물을 판매하는 매일상회. 매일상회의 전신은 동네의 이름을 딴 문호리 리버마켓이었다. 코로나19 이전 서종면외 작은 동네 문호리 강변을 따라 한 달에 한 번 열렸던 플리마켓 '리버마켓'은 입소문을 타고 퍼져나가 전국구급 인기를 자랑했지만 코로나19로 인해 잠시 문을 닫을 수밖에 없었다. 현재는 테라로사 서종점 뒤편 광장에 '매일상회'라는 이름으로 상설 플리마켓이 되었다. 주말에 방문하면 농산물 체험, 어린이 체험 클래스 등 보다 풍부한 콘텐츠를 경험할 수 있다.

Don't Miss

2019년 BTS가 화보를 찍어 '방탄숲'이라는 별명으로 널리 알려시게 되었나.

Ⓐ 테라로사 서종점 광장
Ⓗ 매일 10:00~19:00
Ⓤ http://rivermarket.co.kr
Ⓜ Map → 5-S1

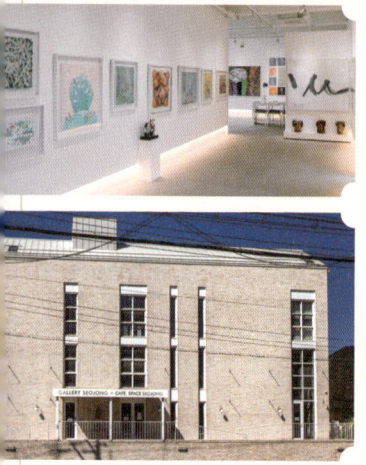

④ 스페이스 서종

테라로사 서종과 매일상회를 제대로 경험한 뒤에 바로 맞은 편 스페이스 서종에서 잠시 숨을 고르는 것은 어떨까. 테라로사 서종 바로 맞은 편에 있는 스페이스 서종은 가히 서종면의 터줏대감이라 할 수 있다. 20여 년 동안 전시 활동을 꾸준히 이어온 갤러리 겸 카페 공간으로 북한강이 한눈에 보이는 멋진 뷰까지 갖춘 곳이다. 작품을 상설 전시하고 있는 곳인 만큼 노키즈 존이라는 사실은 감안하도록 하자.

Ⓐ 양평군 서종면 북한강로 991, 1, 2층
Ⓗ 수~일 11:00~18:00 (라스트오더 17:30), 월/화 휴무, 노키즈존 (만 12세 미만)
Ⓜ Map → 3-C2

⑥ 잔아박물관

서종면 여행을 마치고 떠나는 것이 못내 아쉽다면 마지막으로 글과 흙의 놀이터 잔아박물관에 들러 보는 것은 어떨까. 소박한 문학박물관인 이곳은 국내외 작가들의 테라코타 흉상, 사진, 작품해설, 육필 등을 전시하고 있다. 잔아박물관의 백미는 상시 진행되는 수준 높은 문화교육 및 강연 프로그램이다. 시 낭송을 비롯한 다양한 프로그램이 마련되어 있으니, 방문 전 홈페이지를 체크할 것을 권한다.

Ⓐ 양평군 서종면 사랑제길 9-9 Ⓗ 매일 10:00~17:00
Ⓤ http://www.janamuseum.com Ⓜ Map → 3-★1

⑤ 화서 이항로 선생 생가

200여 년 전 이항로(1972~1868) 선생이 태어나 일생을 보내며 양헌수, 최익현, 유인석 등 많은 제자들을 가르쳤던 장소이다. 생가의 안채는 이항로의 부친이 200여 년 전에 건립하였던 것으로 전해지며, 경기도 문화재로 지정되어 있다. 생가 뒤의 낮은 언덕길을 오르면 이항로 선생의 학문과 뜻을 전하고자 세운 노산사지를 만날 수 있다.

Ⓐ 양평군 서종면 화서1로 239 Ⓣ 031-773-5101 Ⓜ Map → 3-★3

7 황순원문학촌 소나기마을

대한민국 감수성의 8할은 황순원 선생에게 빚지고 있지 않을까. 양평 서종면 안쪽에는 소설 '소나기'의 배경을 재현한 황순원문학촌 소나기마을이 있다. 황순원 작가의 고향은 본래 북한이지만, '소나기'에서 양평읍이 언급되어, 양평에 황순원문학촌이 조성되었다고 한다. 황순원 선생의 유품 및 작품 전시실, '소나기'의 배경을 재현한 체험장 등이 있다. 소나기 분수가 매시 정각마다 내리니 시간에 맞춰 소싯적 감성을 되살려 보자.

Ⓐ 양평군 서종면 소나기마을길 24
Ⓗ 화~일 09:30~18:00 (동절기 1시간 단축 운영), 월 휴무
Ⓜ Map → 3-★2

8 하이브로우 에이치라운지

황순원문학촌 소나기마을을 맞은 편에 위치한 하이브로우 에이치라운지는 배우 이천희, 건축 전공자 이세희 형제가 이끄는 라이프스타일 브랜드 '하이브로우'의 복합문화공간 겸 카페이다. 하이브로우 에이치라운지에서는 통유리를 통해 멋진 산의 풍경을 감상할 수 있으며, 감성적인 플레이리스트를 누릴 수도 있다. 가구와 캠핑용품, 라이프스타일 소품 등에 관심이 많다면 절대로 후회하지 않을 공간이다.

Ⓐ 양평군 서종면 소나기마을길 30
Ⓗ 매일 11:00~19:00 (브레이크 타임 12:30~13:30) Ⓜ Map → 3-C3

9 내추럴가든529

내추럴가든529는 2013년 경기도 정원문화대상을 수상할 정도로 빼어난 풍경을 자랑하는 정원 카페이다. 본래 한국학원 장기영 회장의 개인 정원이었는데 2017년에 본격적으로 일반 대중에게 공개하게 되었다. 벽계천 개울물을 끼고 조성되어 말 그대로 자연 한복판에 들어와 있는 것 같은 느낌을 선사한다. 이탈리안 레스토랑, 베이커리샵, 카페는 물론이고, 나무 전망대, 미니 골프 연습장, 행운의 아기코끼리 상 등 정원 구석구석 볼거리가 가득하다. 입장료에는 음료 1잔 교환권이 포함되어 있다.

Ⓐ 양평군 서종면 내수입길 108-8 Ⓗ 매일 10:00~20:00, 유아/반려동물 동반 가능
ⓘ @natural_garden_529 Ⓜ Map → 3-★7

WHERE HAVE YOU BEEN?
Special

The East of Yangpyeong
양평 동부

양평을 여행하는 많은 사람들은 양평의 서부 내지는 남부, 문호리 일대 또는
강상, 강하면의 카페거리 아니면 용문산관광단지를 방문한다.
모두 흠잡을 데 없는 여행지이지만, 지평면과 양동면 일대에 걸친 양평 동부 역시 그에 못지않은 매력을 지니고 있다.
덤으로 아직 여행자의 발걸음이 상대적으로 적기까지 하다는 사실.

1 국립 양평 치유의 숲

국립 양평 치유의 숲은 한국산림복지진흥원이 운영하는 산림복지 전문기관이며, 모든 시설과 프로그램이 사전 예약제로 운영되니 방문 전 홈페이지 또는 인스타그램 체크와 예약이 필수이다. 숲내음테라피, 수호림테라피 등 전 연령층을 대상으로 한 산림 치유 프로그램이 마련되어 있다. 폐쇄된 옛 금광촌을 치유의 숲으로 탈바꿈시켰기 때문에 치유의 숲을 걷다 보면 현재는 폐쇄된 금광 굴을 볼 수 있다.

Ⓐ 경기 양평군 양동면 황거길 262-10
ⓘ IG @yp_fowi Ⓜ Map → 6-★5

2 지평양조장 & 지평 쌀막걸리

지평양조장은 막걸리를 좋아한다면 반드시 들러야 하는 성지 같은 곳이 아닐까. '지평생막걸리'의 본고장 지평면에는 아직 지평양조장 건물이 남아있다. 국가 등록 문화재로 등재된 지평양조장은 1925년 무렵에 세워진 건물로 국내에서 가장 오래된 양조장 중 하나이다. 한옥 건물에 일본의 건축기술이 도입된 양조장이며, 한국 전쟁 당시 UN군의 지휘소로 사용되기도 하였다. 2018년 지평 막걸리 생산 공장을 강원도로 이전하여 현재는 양조장 건물만 남아있는 상태이다. 물론 지평생막걸리의 본고장인 만큼 양조장 건물 옆에 지평 막걸리의 직판장이 있으니, 막걸리로 목을 축여보는 것도 좋은 선택이 될 것이다.

Ⓐ 양평군 지평면 지평의병로62번길27

Special 2
양평 동부

③ 지평리 전투기념관 & 지평향교

양평은 의외로 한국 근현대사에서 중요한 위치를 차지하고 있다. 명성황후 시해 사건과 단발령 공포 이후 우리나라 최초의 의병이 바로 지평리에서 일어났던 것이다. 지평 의병을 시작으로 전국 각지로 퍼져나간 을미의병의 역사를 살펴볼 수 있는 지평리 전투기념관이 지평리 외곽에 있다. 3층짜리 기념관의 1층에는 지평리 전투 전시실이 마련되어 있고, 2층에는 영상 관람실, 3층에는 선망대가 있나. 기념관 바로 앞에는 거내한 탱크가 선시뇌어 있는데, 한국 최초의 조립 전차이며 아이들의 포토 스팟으로 인기가 높다. 또한, 지평리 전투기념관에서 멀지 않은 곳에는 경기도 문화재자료로 지정된 지평향교가 있으니 함께 방문해 보는 것을 추천한다.

Ⓐ 경기 양평군 지평면 지평로 357
Ⓗ 매일 10:00~16:30 Ⓜ Map → 6-★1

④ 고재낚시터

지평리 외곽에 위치한 고재낚시터는 전국 최초의 돔 글램핑 시설로 유명하다. 특히, 천연 잔디와 분수는 글램핑의 매력을 극대화한다. 물 맑고 공기 좋은 곳에서 낚시하는 손맛을 만끽할 수 있는 곳이다. 겨울철 빙어낚시 또는 송어낚시의 인기가 매우 높으며 가족 여행지로도 무척이나 인기가 많은 곳이다. 글램핑장을 예약하면 낚시는 무료로 즐길 수 있다.

Ⓐ 경기 양평군 지평면 고재길 108
Ⓗ 매일 09:00~21:00, 반려동물 동반 가능
Ⓤ http://gojefish.com Ⓜ Map → 6-★2

⑤ 이재효갤러리

이재효갤러리는 세계적인 조각가이자 설치 예술가인 이재효 작가의 공간이다. 개인 작업실과 카페, 갤러리 그리고 5개의 상설전시장으로 꾸며져 있으며, 돌과 나무, 못, 낙엽 등을 소재로 제작된 작품을 관람할 수 있다. 있는 그대로 보는 것이 중요하다고 믿는 작가의 철학이 반영되어 이재효갤러리 안에 존재하는 작품들에는 제목과 별다른 설명글이 없다. 갤러리 내부 못지않게 갤러리에서 바라보는 외부 풍경이 아름다운 것으로 유명하다.

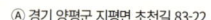
Ⓐ 경기 양평군 지평면 초천길 83-22
Ⓗ 매일 10:00~18:00 (입장마감 17:00) 2 Ⓜ Map → 6-★3

⑥ 곡수문화공간 & 동네작은미술관

시간의 흔적이 고스란히 가라앉아 있는 듯한 한옥에서 사부작사부작 가죽공예를 배워볼 수 있는 곳이 있다. 지평면 곡수리에 있는 곡수문화공간은 카페와 가죽공방이 함께 운영되는 곳이다. 사전 신청자를 대상으로 소규모 가죽공예 원데이 클래스가 진행되며, 클래스에 참여하지 않더라도 사장님의 작품을 구매할 수 있다.

Ⓐ 경기 양평군 지평면 곡수시장길 17
Ⓗ 11:00~21:00 Ⓣ 0507-1497-5082

⑦ 석불장독대건강밥상

지평면까지 나들이를 나왔다면 꼭 한번 들러봐야 하는 맛집이 있다. 된장과 콩을 이용한 건강밥상이 주력메뉴인 석불장독대는 아직 많이 알려지지도 않았고, 접근성도 썩 편하지 않은 곳이지만 점심시간이 되면 손님이 가득한 맛집이다. 가게 앞 한가득 모여있는 장독대를 보면 알 수 있다시피 각종 장을 직접 담가서 만든다고 한다.

Ⓐ 경기 양평군 지평면 여양2로 1940-5
Ⓗ 매일 11:00~19:00 (브레이크 타임 12:30~13:30) Ⓜ Map → 6-R1

Near by
구 구둔역

석불장독대에서 식사 후 5-6분 정도 운전하여 이동할 수 있는 거리에 구 구둔역이 있다. 구 구둔역은 대한민국 등록문화재로 지정되었으며, 가장 아름다운 간이역으로 유명하다.

Ⓐ 양평군 지평면 구둔역길 3 Ⓜ Map → 6-★4

SPOTS TO GO

경기도에서 가장 넓은 땅, 양평. 넓은 만큼 볼거리도 즐길 거리도 다양하다. 아름다운 자연 속에서 인생 사진을 건질 수 있는 곳부터 잠들어 있던 예술적 감성을 되살릴 수 있는 곳까지 양평이라는 여행지의 스펙트럼은 그 거대한 땅의 크기만큼이나 넓다. 양평의 팔색조 같은 매력을 살펴보자.

YANGPYEONG-EUP
양평읍 일대

양평의 중심지 역할을 맡고 있는 양평읍. 국내 최대 규모를 자랑하는 스타벅스 더양평DTR점에서 유유자적 흐르는 남한강을 바라보며 커피를 즐기며 충분한 힐링의 시간을 가졌다면, 의외의 볼거리가 있는 양평읍을 가볍게 산책해 보자.

1. 양강섬

서울 한강에 세빛둥둥섬이 있다면 양평읍 남한강에는 양강섬이 있다. 양강은 남한강 구간 중에서도 여주 이포보부터 팔당댐까지의 물길을 이르는 말이며, 양강섬은 사대강 공사로 조성된 공원이다. 양강섬 바로 옆에 양평 어울림 센터와 물안개공원이 자리 잡고 있어 이 일대는 양평의 핫플레이스로 각종 문화 페스티벌이 진행된다. 특히, 양강섬 바로 옆 고산정은 남한강을 배경으로 멋진 사진을 남길 수 있는 포토스팟이다. 사계절 내내 자연의 정취를 뿜어내는 양강섬에서 양평의 문화예술을 느껴보자.

Ⓐ 경기 양평군 양평읍 양근리 573
Ⓜ Map → 4-★5

Near by

천주교 양근성지

국내를 여행하다 보면 여러 '성지'를 들리게 되지만, 종교를 막론하고 '성지'는 생각보다 관광지로서는 규모가 작은 경우가 대다수이다. 그러나 양평읍의 천주교 양근성지는 다소 다르다. 한국 천주교 최초의 신앙공동체가 자리했던 곳으로, 규모는 소박함 그 이상, 웅장함에 가깝다. 파란 하늘 아래 붉은 벽돌, 곳곳의 성모자상, 천사상 등 조각품을 감상하는 재미도 있는 곳이 바로 양평읍 천주교 양근성지.

Ⓐ 경기 양평군 양평읍 물안개공원길 37 Ⓜ Map → 4-★6

② 스타벅스 더양평DTR

양평읍 내 멋진 남한강 뷰와 국내 최대 규모를 자랑하는 스타벅스 더양평DTR점은 스타벅스의 창립 21주년 기념 플래그십 스토어로 한국 스타벅스 최초로 매장에서 빵을 직접 구워낸다. 다른 매장에서는 구경할 수 없는 더양평DTR점 고유의 베이커리, 케이크, 샌드위치 등 독점 메뉴가 있다.

Ⓐ 경기 양평군 양평읍 양근로 76
Ⓗ 평일 매장 09:00~20:00(주말 08:30~21:00), 드라이브스루 08:00~20:00
Ⓜ Map → 4-C7

③ 들꽃수목원

수목원의 고장이라 해도 과언이 아닐 양평답게 양평읍에도 수목원이 있다. 들꽃수목원은 남한강을 따라 넓게 펼쳐진 3만 평 규모의 수목원이다. 각종 야생화, 핑크뮬리 등 아름다운 들꽃이 가득할뿐더러 아이들과 연인들 사이의 필수 포토존으로 손꼽히는 백마 조형물을 비롯한 여러 동물 조각상이 가득하다. 야외공연장에서는 종종 연주회가 진행되며, 때에 맞으면 로맨틱한 시간을 가질 수 있다. 잔디 위에서 레일을 타고 내려오는 사계절 레일 썰매장이 있으니 아이와 함께 여행하는 가족 단위 여행객이라면 필수 방문코스가 아닐까.

Ⓐ 경기 양평군 양평읍 경강로 1698 들꽃수목원
Ⓗ 매일 09:30~18:00 Ⓜ Map → 4-★2

④ 양평군립미술관

양평군립미술관은 지하1층, 지상3층 규모의 수도권을 대표하는 공립미술관으로서, 독창적인 현대미술을 소개하는 시즌기획전시를 통해 수준 높은 미술 문화를 창출하고 있다. 전시와 함께 미술관련 인문학과 아카데미 강좌 등 각 연령층에 맞는 프로그램이 수시로 진행된다.

Ⓐ 경기 양평군 양평읍 문화복지길 2 양평군립미술관
Ⓗ 동계 09:30~17:30, 하계 09:30~18:00, 월 휴무
Ⓜ Map → 4-★1

물맑은시장 먹자 골목

역사적으로 전국 어디를 가든 역 앞은 늘 붐비기 마련이다. 그것은 양평역 앞 역시 마찬가지. 양평역 앞은 물맑은시장이 형성되어 있고 그 앞으로 젊음이 넘치는 먹자골목이 형성되어 있다. 골목에 들어서자마자 입가에 침이 고이는 양평시장1길 먹자골목의 핫플레이스 세 군데를 소개한다.

01
드렁큰엘리스

오픈 시간은 저녁 6시이지만 마감 시간은 손님이 떠날 때까지라는 드렁큰 엘리스는 양평 먹자골목 내 센스 넘치는 칵테일 바이다. 칵테일을 잘 몰라도 사장님께서 취향에 맞게 추천해주는 큐레이션 서비스가 있으며, 논 알코올도 있으니 술을 잘하지 못하는 여행자라도 한 번쯤 들러봄 직하다.

Ⓐ 경기 양평군 양평읍 양평시장1길 6
Ⓗ 오픈 18:00
Ⓜ Map → 3-S1

02
바야흐로 양평

바야흐로 양평은 양평시장 안에 있는 감성 와인바이다. 세련된 소품으로 양평 젊은이들 사이에서 인기몰이를 하는 곳답게 파스타와 타코가 정말 맛있다고. 부담 없이 혼술을 할 수 있는 닷지석도 마련되어 있으니 나 홀로 여행객이라도 가볍게 찾아가 보자.

Ⓐ 경기 양평군 양평읍 양평시장1길 7-1 1층 102호
Ⓗ 17:00~01:00, 일 휴무
Ⓜ Map → 3-S1

03
대명치킨

30년 넘는 전통을 자랑하는 대명치킨은 단연 양평 현지인의 입맛을 사로잡은 곳이다. 진 반죽이 아닌 마른 반죽을 이용해 튀겨내기 때문에 일반 프랜차이즈 치킨집과는 사뭇 다른 맛이다. 옛날 스타일의 누드통닭, 닭똥집튀김에서 순살 강정까지 모든 메뉴가 고소하기 그지없다고. 다른 곳에서는 맛볼 수 없는 대명치킨을 절대 놓치지 말자.

Ⓐ 경기 양평군 양평읍 양평시장1길 5 Ⓗ 10:00~22:00, 일 휴무 Ⓜ Map → 3-S1

02 Spots

AROUND DUMULMEORI
두물머리 일대

두말할 필요가 없는 양평 여행의 수문장. 주말이면 엄청난 인파가 몰리는 두물머리 일대에 가서 딱 두물머리만 보고 오는 것은 빙산의 일각만을 경험하는 것이다. 두물머리 일대를 보다 입체적으로 즐기는 방법을 알아보자.

1 두물머리

새벽의 일출, 한낮의 평온함, 저녁의 노을 모두 두물머리의 매력이다. 시시각각 변하는 두물머리 풍경을 즐기기 위해 전국 각지에서 사람들이 모여든다. 24시간 상시 무료입장이 가능하며 무료 주차가 가능하다. 그래서인지 특히 주말이면 그 인파가 어마어마해서 주차가 쉽지 않고, 주차장에서 빠져나오는 데 상당한 시간이 걸리기도 한다. 대중교통을 이용한다면 경의·중앙선 양수역에서 양수리 전통시장까지 버스를 탄 뒤 내려서 도보로 약 20분 정도 소요된다. 차를 가져가도 걷는 걸 좋아한다면 양수리 전통시장 공영주차장에 주차 후 천천히 걸어가는 것도 좋은 선택이 된다.

Ⓐ 양평군 양서면 양수리 Ⓜ Map → 2-★1

두물머리 즐기기

A. 두물머리 연 핫도그

두물머리에 갔다면 돼지고기 100% 수제 소시지를 튀기는 연 핫도그를 반드시 맛보도록 하자. 두물머리와 양수리 일대에 핫도그 가게가 몇몇 있지만 그중 원조는 다름 아닌 '두물머리 연 핫도그'. 원조의 맛을 즐겨보자.

B. 연뜨락 외 푸드트럭

수려한 풍경을 눈에 담으며 산책하다 보면 입이 심심해지곤 한다. 그런 여행객을 위해서인지 두물머리에는 여러 푸드트럭이 있다. 젤라또 아이스크림, 뻥튀기 등등을 판매하니 취향껏 간단한 주전부리를 즐겨보는 것은 어떨까.

C. 양평 양수리 고인돌&느티나무

두물머리를 거닐다 보면 자연스레 커다란 느티나무 쪽으로 발걸음을 옮기게 된다. 400살이 넘었다고 알려진 거대한 느티나무는 두물머리의 상징이며, 느티나무의 아래에는 자그마한 양수리 고인돌이 있다.

D. 두물머리 자전거

조금 더 활동적으로 두물머리를 둘러보고 싶다면 자전거를 빌려보는 것은 어떨까. 충분한 여유 시간이 허락된다면 두물머리에서 드라마 <닥터스>의 촬영지였던 '능내역(폐역)'까지 달리는 셋노 수선 코스!

2 세미원

세미원은 두물머리 옆에 위치한 자연정화공원이다. 6개의 연못에 연꽃이 가득하며, 매년 여름에서 가을 사이에 연꽃, 수련 관련 행사가 진행된다. 연꽃이 만개했을 때의 세미원은 숨이 막힐 정도로 아름답다고 알려져 있다. 세미원 내 연꽃박물관에는 연꽃과 관련된 생활용품, 고서, 음식 등 유물이 전시되어 있다. 인공적으로 조성된 정원인 만큼 곳곳에 인생사진을 찍을 수 있는 포토스팟이 매우 많으니, 세미원에 방문하는 여행객이라면 멋진 사진을 남길 기대를 해보자.

Ⓐ 양평군 양서면 양수로 93
Ⓜ Map → 2-★3

Ⓐ 양평군 양서면 양수리 552-6
Ⓜ Map → 8-B-2

③ 수풀로 양수리

2004년 '환경 보전'의 가치를 실현하기 위해 아파트 건설 예정지였던 공원을 환경생태공원으로 조성한 수풀로 양수리는 북한강과 양수철교를 바라보며 산책하기 좋은 곳이다. 잔디광장, 달팽이물길, 두충나무숲, 야생화광장 등으로 구성되어 있으며, 모두 둘러보는데 1시간 정도면 충분하다. 무료 주차장은 10대가량 주차할 수 있는 아담한 크기이지만 수풀로 양수리 주변으로 주차 공간이 크게 확보된 대형 카페들이 많다는 점을 참고하자.

a. 카페 그림정원

카페 그림정원은 성수동 핫플레이스로 유명한 카페 할아버지 공장을 만든 홍동희 작가의 복합문화공간이다. 쌀과 메밀로 만든 다양한 베이글 메뉴가 준비되어 있으며, 나무 그늘 아래 야외 테라스는 늘 인기가 많다. 한옥 본관과 유럽 감성의 신관으로 구성되어 있다. 노키즈존이 아닌 키즈케어존을 지향하며, 반려동물은 아쉽게도 동반이 어렵다.

Ⓐ 양평군 양서면 양수로152번길 32-18
Ⓗ 매일 09:30~20:00
Ⓘ cafe_grimjungwon Ⓜ Map → 2-C1

b. 카페리노

북한강을 바라보며 밤늦게 새벽 3시까지 커피를 즐길 수 있는 카페 리노의 시그니처 메뉴는 쑥 라떼. 크지 않은 규모의 단층 건물 여러 동으로 구성되어 있고, 푸른 잔디가 넓게 깔려있다. 잔디밭을 뛰어노는 아이들을 적극적으로 환영하는 예스키즈존이다.

Ⓐ 양평군 양서면 양수로152번길 32-1
Ⓗ 매일 09:00~15:00 Ⓜ Map → 2-C2

C.
수수카페 & 청보리밭

d.
강이다 & 두물뭍 농부시장

e.
알로하오에

물 수, 나무 수. 그래서 수수카페. 625전쟁 당시 야전병원 건물을 문화공간으로 재생시킨 카페이다. 붉은 벽돌이 매력적인 본관 건물을 지나 북한강 변으로 나가면 산책하기 좋은 강변 산책로가 펼쳐진다. 산책로를 따라 북한강을 기슬리 올리기면 청보리밭이 니오는데 계절만 잘 맞는다면 몽환적인 인생 사진을 남길 수 있다.

양수철교 바로 아래 양수3리 공영주차장을 통해 들어오면 반려동물을 환영하는 멋진 카페 '강이다'가 나온다. 공영주차장 바로 옆이기 때문에 100대 이상 주차가 가능하다는 것은 크나큰 장점. 매월 둘째, 넷째 주 토요일에는 강이다 바로 앞에서 양평 두물뭍 농부시장이 열린다. 지점하고 긴깅한 슬로우푸드를 만나볼 수 있다.

금강산도 식후경. 수풀로 양수리에서 걸어서 5분, 두물머리, 세미원에서 차로 5분 거리에 있는 알로하오에는 반려동물 동반이 가능한 유럽 감성 오두막 컨셉의 이탈리안 레스토랑이다. 통창을 통해 기차가 지나가는 모습을 바라보며 식사를 할 수 있는 2층은 해 질 녘 로멘딕한 분위기를 선사한다.

Ⓐ 양평군 양서면 북한강로89번길 16
Ⓗ 매일 10:00~22:00
Ⓘ @susu_riverandtree Ⓜ Map → 2-C4

Ⓐ 양평군 양서면 북한강로81번길 23
Ⓗ 평일 10:00~21:00, 주말 9:00~22:00
Ⓘ gangida1 Ⓜ Map → 2-C3

Ⓐ 양평군 양서면 양수로138번길 51
Ⓗ 11:00~21:00 (브레이크 타임 15:00~16:00, 라스트오더 20:20), 수 휴무 Ⓜ Map → 2-R1

SPOTS TO GO

Theme

사계절 힐링 도보여행
양평 물소리길

물소리길은 "남한강과 북한강의 맑은 물소리와 자연의 소리"를 아우르는 길이다. 양평 전역에 걸쳐 총 9개의 코스가 있으며, 각각 10~11km 정도로 구성되어 있다. 코스마다 역사, 기찻길, 시골의 골목, 너른 들판 등 개성있고 특색 넘치는 볼거리가 눈 앞에 펼쳐진다. 아름답고 청정한 양평을 두 다리로, 두 발로 직접 걸어보며 서울 근교에서 평화로운 도보여행을 즐겨보자.

MULSORIGIL : 양평 물소리길

물소리길 위에서는 푸른색과 노란색이 섞인 리본이 걸어가야할 방향을 알려주는 안내 표식 역할을 하며, 물소리길을 완주하며 지정된 물소리길 패스포트에 스탬프를 모두 모으면 소정의 기념품을 받을 수 있으니, 놓치지 말자. 패스포트는 방문 수령도 가능하며, 양평 물소리길센터(031-770-1003)에 전화로 접수하면 우편으로 받아볼 수 있다. 사계절 상시 개방되기 때문에 계절에 따라 바뀌는 양평의 매력을 한껏 느끼며 걸어볼 수 있다.

Trp

물소리길 패스포트(스탬프북) 수령 장소

양서면사무소 : 경기도 양평군 양서면 목왕로 31
양평관광안내소 : 경기도 양평군 양평읍 역전길 30 양평역 내
용문산관광안내소 : 경기도 양평군 용문면 용문산로 641
양평물소리길센터 : 경기도 양평군 옥천면 경강로 1353-27

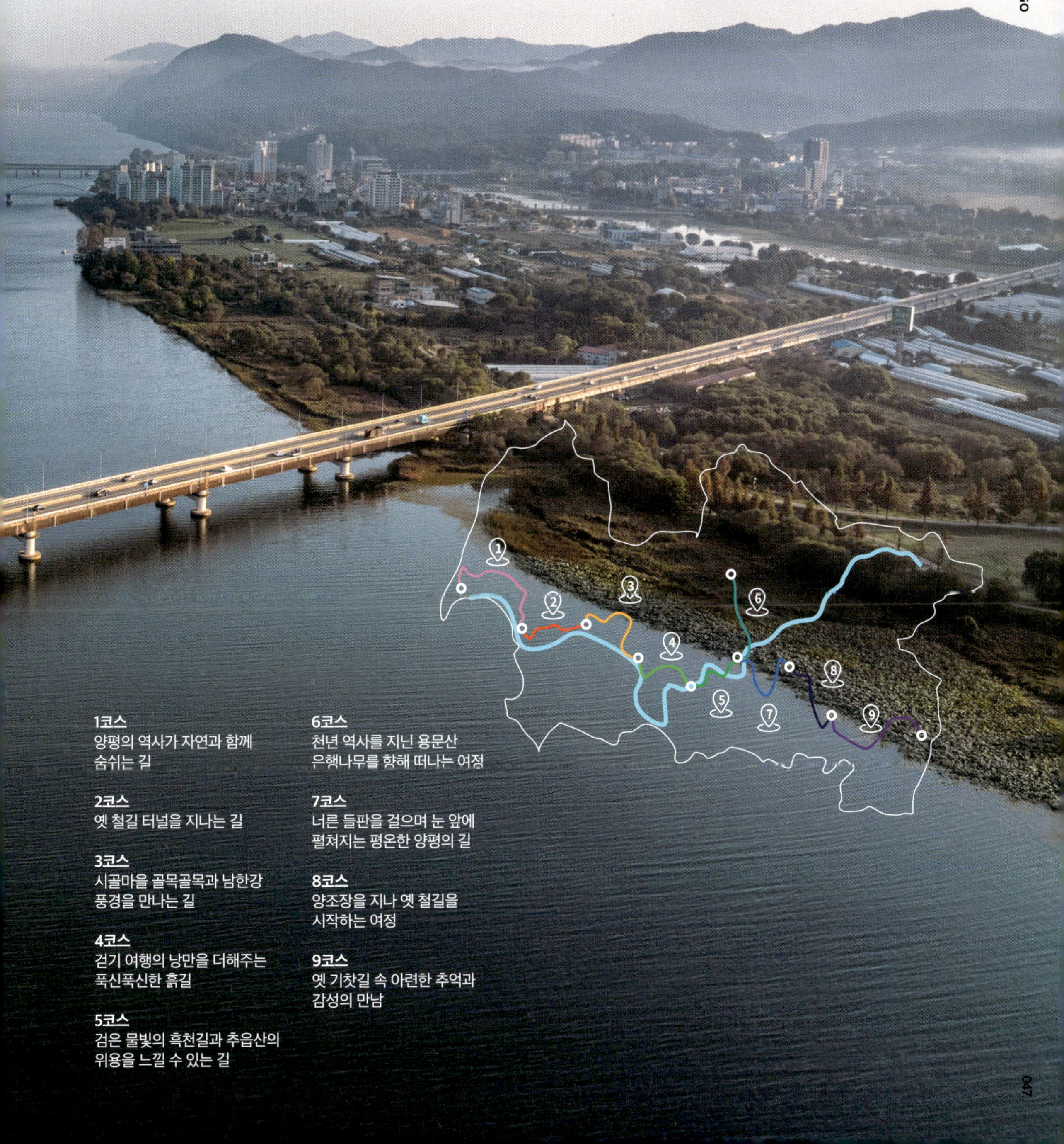

1코스
양평의 역사가 자연과 함께
숨쉬는 길

2코스
옛 철길 터널을 지나는 길

3코스
시골마을 골목골목과 남한강
풍경을 만나는 길

4코스
걷기 여행의 낭만을 더해주는
푹신푹신한 흙길

5코스
검은 물빛의 흑천길과 추읍산의
위용을 느낄 수 있는 길

6코스
천년 역사를 지닌 용문산
은행나무를 향해 떠나는 여정

7코스
너른 들판을 걸으며 눈 앞에
펼쳐지는 평온한 양평의 길

8코스
양조장을 지나 옛 철길을
시작하는 여정

9코스
옛 기찻길 속 아련한 추억과
감성의 만남

03 Spots

AROUND YONGMUNSAN
용문산 일대

Tip.

용문산관광단지 내 주차장 이용 시 주차비가 발생하는데, 관광단지 내 음식점, 카페, 박물관 등 시설 이용 후 영수증을 제출하면 주차비가 할인되니 영수증을 반드시 챙기자.

전설에 따르면 의상대사가 용문산의 용문사 대웅전 앞에 꽂아두고 간 지팡이가 자라고 자라 현재의 거대한 은행나무가 되었다고 한다. 1,000살도 넘은 황금빛 은행나무만으로도 용문산관광단지를 방문해야 하는 이유는 충분하지만, 그 외에도 들러야 하는 곳은 너무나 많다.

1 용문사

용문사는 913년 대경 대사가 창건한 사찰이며, 경내에 수령이 1000년이 넘은 거대한 은행나무가 있다. 용문사 일대는 전통적으로 유명한 양평의 관광단지였으며, 현재도 용문사 주변으로 관광객이 끊이지 않는다. 방송인 전현무가 '나 혼자 산다'에 템플스테이를 했던 곳이 바로 용문사임이 알려지면서 관광객이 더욱 늘었다고 한다. 용문역에서 관광단지까지는 차로 약 15분 정도 소요되며, 관광단지 내 주차장에 주차 후 걸어 올라가야 한다. 걸어 올라가는 동안 물과 나무로 가득한 절경이 펼쳐지니 전혀 지루하지 않다. 용문산관광단지에서 용문사로 이동하는 길의 초입에는 차를 마시며 원기를 회복할 수 있는 용문사 다원이 있으니 차를 좋아한다면 들려보자.

Ⓐ 양평군 용문면 용문산로 782 용문사
Ⓟ 관람료: 어른 2500원 / 어린이 1000원
Ⓜ Map → 5-★1

Plus Info.

용문사 은행나무
용문사가 자랑하는 거대한 은행나무 앞에 가만히 서서 고개를 들어보자. 나이는 1,000살이 넘었고, 높이는 42m에 달하며 뿌리 부근 둘레가 15m를 넘는 웅장한 크기의 천년나무는 자연의 압도적인 거대함, 위압감이 느껴질 정도의 신비로운 감각을 선물한다.

용문사 템플스테이
용문사 웹사이트를 통해 템플 스테이를 예약할 수 있다. 용문사 템플스테이는 주말 체험형과 휴식형 두 가지가 있다. 스님과의 요가, 차담, 걷기명상 등 전통적인 힐링 콘텐츠와 화덕피자 만들기, 캠프파이어 등 조금 더 현대적인 프로그램도 병행된다. 겨울에 방문 예정이라면 산에 있는 절이기 때문에 옷을 따뜻하게 준비해야 한다.

② 친환경농업박물관

Ⓐ 양평군 용문면 용문산로 670
Ⓗ 매일 9:30 – 18:00 (동절기 1시간 단축) / 월요일 휴무
Ⓟ 입장료 무료
Ⓜ Map → 5-★2

용문산관광단지에는 두 개의 흥미로운 박물관이 있다. 친환경농업박물관과 추억의 청춘뮤지엄이 그것이다. 친환경농업박물관은 양평의 역사를 알아볼 수 있는 양평역사실과 친환경 농업에 대해 엿볼 수 있는 상설전시장으로 구성되어 있다. 아이들의 흥미를 유발하는 전통 놀이 체험, 친환경 농업 관련 퀴즈 체험 등이 마련되어 있다.

③ 추억의 청춘뮤지엄

Ⓐ 양평군 용문면 용문산로 620
Ⓗ 매일 09:00~18:00 (휴게시간 13:00~14:00, 입장마감 17:00)
Ⓟ 성인 8000원, 소인 6000원
Ⓜ Map → 5-★4

용문사 관광단지 초입에 있는 추억의 청춘뮤지엄은 말 그대로 복고 체험을 할 수 있는 곳이다. 교복과 교련복을 대여할 수 있으며, 풍선 터뜨리기, 딱지치기, 뽑기 등 향수 가득한 어릴 적 놀이를 다시 한번 경험할 수 있다. 데이트 코스로도 제격이고, 가족 단위로 방문해도 한껏 웃으며 유쾌한 사진을 남길 수 있는 곳을 놓치지 말자.

④ 산책하는 고래

Ⓐ 양평군 용문면 용문산로 340-20
Ⓑ blog.naver.com/whalestory3 Ⓜ Map → 5-S1

용문산관광단지에서 용문역으로 내려오는 길에 들려볼 만한 문화공간이 두 군데 있다. 산책하는 고래는 그림책을 펴내는 출판사가 운영하는 가정식 예약제 책방이다. 동화를 만드는 동화 같은 이곳을 이용하기 위해서는 <고래이야기&산책하는고래> 블로그를 통해 사전 문자 신청이 필수이다. 아늑한 다락방에 잠시 머무르는 경험을 하고 싶다면 반드시 들리자.

5 니어바이북스

Ⓐ 양평군 용문면 용문산로 201 니어바이
Ⓗ 10:00~17:00, 일/월 휴무

니어바이북스는 조금 더 현대적인, 나무 공방에서 시작되어 동네 책방으로 거듭난 곳이다. 크지 않은 공간을 알차게 채운 북 컬렉션을 만날 수 있으며 2층에서는 목공 레슨을 받을 수 있다. 니어바이북스 옆에 위치한 고커피 역시 용문산관광단지 일대에서는 소문난 커피 맛집이라고.

6 리틀포레

Ⓐ 양평군 용문면 상원사길 58
Ⓗ 10:00~19:00 (라스트 오더 18:30) / 화 휴무
Ⓘ little_foret_

리틀 포레는 이름 그대로 물소리 가득한 계곡 안 작은 숲속 같은 카페이다. 계곡물이 흐르는 소리, 바람이 나뭇잎 사이를 스치는 소리만 가득한 곳에서 숨을 고르며 여유를 되찾을 수 있는 곳으로 왠지 모르게 미야자키 하야오의 작품이 떠오르는 그런 공간이다. 카페와 계곡이 자연스럽게 이어져 있으므로 안전을 고려하여 노키즈존으로 운영된다.

7 용문성당

Ⓐ 양평군 용문면 용문로 421
Ⓜ Map → 5-★3

양평 용문면 일대는 병인박해를 피해 모인 신자들이 생활하면서 천주교가 뿌리내리게 된 곳이다. 용문성당은 상당히 큰 규모와 은행 나뭇잎을 닮은 노란색 십자가가 인상적인 곳이다. 두 개의 침탑과 중앙 지붕의 십자가는 전형적인 고전 양식 건축 형태를 보여준다. 성당 뒤편으로 난 '십자가의 길'을 걷다 보면 산책로 중간중간 꽂혀 있는 십자가를 지나치며 묵상에 잠기게 된다.

8 호누 베이커리

Ⓐ 양평군 용문면 다문북길 87
Ⓗ 매일 9:00~22:00
Ⓜ Map → 5-C7

용문 지역 관광의 화룡점정은 여의주로 찍어보는 것이 어떨까. 용문역 근처 호누 베이커리는 달콤하고 부드러운 여의주를 닮은 단팥 크림빵으로 명성을 얻은 곳이다. 촉촉한 빵과 단팥, 크림의 조화가 깔끔하다는 평이다. 한 가지 아쉬운 점은 유명세만큼 빨리 팔리기 때문에 저녁 늦게 가면 동나버릴 수 있다는 것.

04 Spots
OKCHEON-MYEON
옥천면

해주식 옥천냉면의 근본, 동화 같은 수목원과 시원한 계곡, 한국에서 보기 드문 홍콩식 와플을 맛볼 수 있는 곳까지. 절대 후회 없을 여행 스팟이 옹기종기 모여있는 옥천면을 천천히 둘러보도록 하자.

> **Tip.**
>
> **양평 옥천냉면**
> 냉면 매니아라면 익히 알고 있을 옥천냉면의 본고장이 바로 양평 옥천면이다. 돼지고기 육수에 굵은 면발은 옥천냉면의 매력 포인트. 옥천면에 간다면 반드시 맛봐야 한다.

1 사나사 & 사나사 계곡

양평 옥천면에 위치한 사나사는 고려 시대에 지어진 사찰이다. 고려 후기의 승려 태고 보우의 업적과 일생을 기록한 원증국사 석종비가 있으며, 소박하고 차분한 분위기 속에 절로 경건한 마음이 일어나는 절이다. 용문사 줄기에서 흘러내린 계곡물은 사나사를 거쳐 남쪽으로 흐른다. 흔히 이야기하는 사나사 계곡은 사나사에서부터 무료 공영주차장까지를 말하며, 무료 공영주차장에서 사나사까지는 약 1.3km 도보로 15~20분 내외 거리이다. 맑다 못해 투명하기까지 한 계곡물에 발을 담가도 좋고, 계곡을 따라 거닐기만 해도 물소리에 근심 걱정이 씻겨져 내려가는 곳이 바로 이곳이다.

Ⓐ 양평군 옥천면 사나사길 329, 사나사 계곡 무료 주차장: 양평군 옥천면 용천리 319-8
Ⓜ Map → 7-★4

② 카페 신복리709

ⓐ 양평군 옥천면 신복동촌길14번길 26-10
ⓗ 10:00~21:00, 주말 09:00~22:00, 목 휴무
ⓜ Map → 7-C2

옥천면의 카페 신복리709는 국내에서 보기 드문 홍콩식 와플을 맛볼 수 있는 곳이다. 푸짐한 비주얼만큼이나 입안에서 느껴지는 달콤한 고소함이 매력적이다. 카페 신복리709는 층고가 굉장히 높고 화초가 가득한 공간인데, 테이블과 의자, 소품 하나하나가 빈티지한 매력이 가득하다.

③ 도커피

ⓐ 양평군 옥천면 사나사길 54 도커피
ⓗ 10:00~18:00, 수 휴무
ⓜ Map → 7-C1

그림과 커피의 만남, 도커피. 도커피의 도는 한자 그림 '도'를 뜻한다. 커피 로스터의 불맛을 재현하고자 직화 방식으로 원두를 볶는 기술을 수년 동안 갈고 닦은 바리스타가 커피 봉투에 직접 그림을 그려 넣어 풍미 깊은 커피에 귀여운 감성을 덧붙였다. 아인슈페너와 사케라또의 깊은 맛을 느껴보자.

④ 더그림

ⓐ 양평군 옥천면 사나사길 175 용천리 564-7
ⓗ 10:00~17:00, 일/월 휴무
ⓜ Map → 7-★1

사나사 계곡을 따라 올라가는 길 좌측에는 양평 속 작은 유럽 같은 식물원 더그림이 있다. 2017 경기 아름다운 정원 문화 대상에 빛나는 더그림에서 촬영된 드라마, 영화, 방송만 해도 60여 편을 훌쩍 넘는다. 입장권을 끊으면 커피 또는 허브티 1잔으로 교환해준다. 이름처럼 그림같이 아름다운 식물원에서는 고급 카메라도 전문 촬영기술도 필요 없이, 최고의 사진을 남길 수 있다. 어린이와 동행할 수 있으나, 뛰지 않도록 주의가 필요하며 소형 반려동물 역시 동반 가능하다.

EAT UP

눈이 즐겁고 입이 행복한 세련되고 트렌디한 감각의 카페. 물 맑고 공기 좋은 곳에서 정성을 쏟아 기른 품질 좋은 작물을 섬세한 솜씨로 빚어낸 맛집. 양평의 식문화를 이보다 더 정확하게 표현할 수 있을까. 추리고 추려 엄선한 카페와 맛집을 살펴보자.

THEME CAFE : 고유한 개성과 특색 넘치는, 테마가 있는 카페

고유한 개성과 특색 넘치는, 테마가 있는 카페

카페든 복합문화공간이든 레스토랑이든 무엇이 되었든 공간이라면 무릇 이야기를 담아야 하지 않을까.
커피, 뷰 그 이상의 이야기를 담고 한번쯤 반드시 방문해볼 만한 가치를 지닌, 테마가 있는 카페를 만나보자.

1. 천년찻집

국내 최대 규모 전통찻집인 천년찻집은 차를 마실 수도, 다기와 차를 직접 구매할 수도 있는 곳이다. 찻집에 감도는 차 내음, 명상음악 등은 추억에 잠기게 만드는 고색창연한 분위기를 만든다. 특히 비오는 날 방문하게 되면 양평의 낭만을 보다 깊숙이 체험하게 될 것이다. 각 테이블에는 오랜 세월 방문객들이 작성한 방명록이 비치되어 있다.

INFO
Ⓐ 양평군 강하면 강남로 322
Ⓗ 매일 11:00~22:00 Ⓣ 031-774-1572
Ⓜ Map → 4-C3

2 흑유재

현대적인 모던 한옥 감성의 흑유재는 블랙과 화이트의 조화가 메인 테마이다. 시그니쳐 메뉴는 묵직한 흑임자 소스와 부드러운 우유를 믹스하여 흑유재의 공간을 형상화한 블랙스트림 라떼 그리고 달콤한 팥과 진한 에스프레소가 매력적인 레드빈슈페너. 커피 이외에 양갱, 오란다 등 전통 다과를 현대적으로 재해석한 디저트 메뉴 역시 큰 인기를 끌고 있다. 카페 옆 공터에 무료 주차가 가능하다.

> INFO
> ⓐ 양평군 개군면 신내길7번길 36
> ⓗ 매일 10:00~23:00 ⓣ 0507-1375-8897
> ⓘ @blackstreamhouse ⓜ Map → C1

3 엔로제

서종면에 위치한 엔 로제는 계곡을 바라보며 핸드드립을 즐길 수 있는 스페셜티 커피 카페이다. <건축대상-아름다운 디자인상>을 수상한 세련된 공간에서 단 한 잔의 커피를 주문해도 테이블에서 핸드드립을 내려주는 정성을 경험할 수 있다. 카페 테이블에서 바로 보이는 계곡은 커피의 풍미를 한층 더 깊게 만든다. 반려동물 동반도 가능하다.

> INFO
> ⓐ 양평군 서종면 화서로 32
> ⓗ 10:30~20:30, 주말10:30~21:00 ⓣ 031-774-6398
> ⓜ Map → 3-C11

THEME CAFE : 고유한 개성과 특색 넘치는, 테마가 있는 카페

4 | 메탈하우스 갤러리카페

서종면 북한강로를 지나다보면 멀리서도 한 눈에 들어오는 독특한 화이트톤 메탈 건물이 있다. 주변보다 살짝 높은 지대에 위치한 **5층짜리 메탈하우스 갤러리 카페**는 1, 2층은 수준 높은 전시를 선보이는 갤러리 공간으로, 3층은 합리적인 가격의 커피와 티를 제공하는 카페 공간으로 운영하고 있다. 카페 공간 내부는 식물이 가득하고 창문이 크다보니 채광이 무척 좋다. 건물 자체가 독특해서 입장하기도 전에 카메라를 꺼내 들게 되는 곳.

INFO
Ⓐ 양평군 서종면 북한강로 755-1 3층
Ⓗ 11:00~19:00, 월 휴무
Ⓣ 0507-1392-0490 Map → 3-C4

5 | SOONOK 갤러리 카페 아카데미

아름다운 포슬린 아트가 가득한 SOONOK 갤러리 카페 아카데미는 이름 그대로 회원제로 운영되는 포슬린 아트 아카데미이다. 물론 비회원 일반 고객도 언제든지 들러 핸드드립 커피와 함께 멋진 포슬린 아트를 감상할 수 있다. 카페 곳곳에 놓여진 포슬린 아트는 마치 그리스 신화 속에 들어온 것만 같은 느낌을 자아낸다.

INFO
Ⓐ 양평군 양평읍 마유산로 259
Ⓗ 10:00~22:00, 수 휴무 Ⓣ 031-773-0703
Ⓘ @soonok_gallerycafe Map → 4-C2

6 콘크리트 정글

양평 안에서도 고즈넉하고 조용한 물소리길5코스를 지나다보면 초현대적인 노출 콘크리트 카페가 있다. 현대 건축의 정수를 보여주는 대형 카페 콘크리트 정글은 루프탑과 푸른 잔디 그리고 소박한 개울이 있는 곳으로, 반려동물과 함께 시간을 보내며 힐링할 수 있는 최적의 장소이다. 카페의 건물이 굉장히 커서 사진 한 장에 담기 어려울 정도.

INFO
- Ⓐ 양평군 용문면 용문로 116
- Ⓗ 매일 10:00~21:00 Ⓣ 0507-1488-1890
- Ⓘ @concjungle.yangpyeong Ⓜ Map → 5-C4

7 카포레

곽희수 건축가가 '숲 속의 캐비닛'이라는 컨셉으로 설계한 카포레는 드라마 '시지프스' 속 조승우의 집으로 소개되었던 곳이다. 라바짜 원두를 사용하는 풍미 깊은 커피와 함께 남한강의 풍경을 감상할 수 있으며 남한강에 노을이 드리우는 장면은 필히 사진으로 남겨야 한다. 각종 미술 기획전, 음악회, 패션쇼 등 아트 프로젝트가 수시로 진행되고 있다. 카포레의 마스코트는 스탠드 푸들 강아지 '맥'이니 마주치면 반갑게 인사를 건내보는 건 어떨까.

INFO
- Ⓐ 양평군 강하면 강남로 458
- Ⓗ 매일 10:00~21:00 Ⓣ 0507-1317-5342
- Ⓘ @ca_fore Ⓜ Map → 4-C4

THEME CAFE : 고유한 개성과 특색 넘치는, 테마가 있는 카페

8 꿈꾸는 사진기

꿈꾸는 사진기라는 이름과는, 그리고 왠지 모르게 '하울의 움직이는 성'이 생각나는 카페 외관과는 다르게 이곳은 카메라 컨셉 카페가 아니다. 꿈꾸는 사진기는 손님 한명 한명의 '꿈'을 사진으로 만들어 주는 '꿈을 찾는' 카페이다. 이곳의 시그니처 프로그램은 버킷리스트를 작성하면 사진으로 인화해주는 '무료' 서비스. 스스로를 돌아보는 시간을 가져보고 싶다면 바로 이곳에 가야하지 않을까.

INFO
- Ⓐ 양평군 용문면 한솔길 35
- Ⓗ 11:00~18:00, 일/월 휴무 Ⓣ 031-771-3264
- Ⓘ @dreamy_camera_cafe
- Ⓜ Map → 5-C3

9 비아베네또

복합문화공간 비아베네또는 한마디로 콕 집어 설명하기 어려운 곳이다. 1층은 베이커리 겸 브런치 카페로 운영되지만 2층은 시중에서 쉽게 보기 힘든 이태리 앤틱 가구가 전시되어 있다. 둘러보는 것만으로도 눈이 즐거워지는 고급스러운 인테리어 감각을 즐겨보자. 5층 루프탑은 360도 탁 트인 뷰로 유명하며, 가림막이 준비되어 있어 비가 오더라도 비 오는 남한강 리버뷰를 감상할 수 있다.

INFO
- Ⓐ 양평군 강하면 강남로 208
- Ⓗ 매일 10:00~19:00 Ⓣ 0507-1361-4812
- Ⓘ @viaveneto.bakerycafe
- Ⓜ Map → 4-C10

10 마이리틀호주

호주 국제부부 피터와 캘리가 운영하는 마이리틀호주는 양평에서 리얼 호주식 커피와 호주식 디저트를 만나볼 수 있는 곳이다. 실키한 거품으로 부드러운 목넘김이 매력적인 플랫화이트는 마이리틀호주의 시그니쳐. 카페 안에 가득한 호주 바이브는 호주 여행을 다녀왔던 사람이라면 향수를 느끼게 되지 않을까.

INFO
- Ⓐ 양평군 강상면 강남로 1052-2
- Ⓗ 10:00~17:00, 월(마지막주는 월&화) 휴무
- Ⓣ 0507-1438-7895
- Ⓘ @mylittle_aus Ⓜ Map → 1-C12

11 앤쵸비

세련되고 감각적인 무드, 감성적인 플레이리스트, 합리적인 가격의 스페셜티 커피. 앤쵸비는 카페 본연의 목적에 충실하고 또 충실함으로써 사진맛집으로 등극했다. 포디움을 연상케 하는 카페 건물 전면의 커다란 기둥 4개는 앤쵸비의 독특한 분위기를 완성한다. 반려동물을 동반할 수 있고 주차장도 널찍한 힙한 카페의 정석.

INFO
- Ⓐ 양평군 용문면 용문산로 234-1
- Ⓗ 11:00~20:30, 월 휴무 Ⓣ 0507-1371-3503
- Ⓘ @anchovy_café
- Ⓜ Map → 5-C1

TEA TIME : 숲과 강, 눈이 즐거운 풍경과 함께 하는 티 타임

숲과 강, 눈이 즐거운 풍경과 함께 하는 티 타임

때로는 입이 떡 벌어질만큼 압도적인 풍경이 카페의 존재 이유가 되기도 한다. 물론 평균 이상의 커피 맛과 달콤한 디저트까지 갖추고 있으면 금상첨화. 양평에는 그런 곳이 적어도 일곱 군데 이상이다.

1 구벼울

강물이 여울져 흐르는 모습이 말발굽 모양을 닮았다고 하여 한자어로 '제탄', 순우리말로 '구벼울'이라고 하는 곳에 자리 잡은 카페 구벼울은 배우 남상미가 가족과 함께 운영하는 곳이다. 좌식 공간이 별도로 마련되어 있어 아이와 함께 가는 가족들은 한결 편안함을 느낄 수 있다. 정원이 무척이나 넓고 전망이 훌륭해 야외 테라스에는 늘 사람이 가득하다.

INFO
Ⓐ 양평군 옥천면 남한강변길 123-1   Ⓗ 매일 10:00~21:00
Ⓣ 0507-1489-2359   Ⓘ @gubyeoul   Map → 4-C5

2 엠티피 (MTP)

화이트톤의 미드센추리 무드가 매력적인 엠티피 역시 통창을 통해 보이는 멋진 남한강 뷰가 매력적인 공간이다. 너트크림라떼와 쿠키 그리고 베이글 맛집으로도 유명하다. 매장 한쪽에서는 빈티지 아라비아 핀란드 등 다양한 커트러리 제품을 판매하고 있다.

INFO
Ⓐ 양평군 강상면 강남로 714   Ⓗ 매일 11:00~21:00
Ⓣ 0507-1361-7140   Ⓘ @mtp_cafenshop   Map → 5-E-3

3 하버커피

하버커피 역시 아름다운 북한강 뷰로는 둘째 가라면 서러운 장소이다. 날 좋을 때 야외 테라스와 2층 루프탑에서 강물에 반짝이는 윤슬을 감상할 수 있으며, 반려동물을 동반할 수 있는 테라스가 별도로 마련되어 있다. 맛있는 커피는 기본으로 준비되어 있다.

INFO
- Ⓐ 양평군 서종면 북한강로 1041 3층   Ⓗ 매일 10:00~22:00
- Ⓣ 070-4402-2060   Ⓜ Map → 3-C6

4 카페 그리심

코지하고 아늑한 인테리어가 매력적인 카페 그리심은 반려동물과 함께 산책할 수 있는 정원이 이어져 있는 곳이며, 정원 앞으로 멀리 북한강이 환히 들어온다. 사랑하는 반려동물과 북한강을 감상하는 것은 행복 그 자체가 아닐까.

INFO
- Ⓐ 양평군 서종면 북한강로 1164   Ⓗ 매일 10:00~21:00
- Ⓣ 0507-1379-2007   Ⓘ @cafe_geurisim87   Ⓜ Map → 3-C5

5 카페 무르

비유적 표현이 아니라 정말로, 남한강을 코 앞에서 볼 수 있는 카페 무르. 카페 내부에서든 외부에서든 어디서든 셔터를 누르기만 하면 감성 사진을 남길 수 있다. 어느 시간대에도 아름답지만 그중 노을 지는 저녁시간대에는 감탄이 절로 나온다고. 시그니쳐 메뉴인 무르라떼 역시 인기가 높고, 반려동물에게도 굉장히 프렌들리하다.

INFO
- Ⓐ 양평군 강하면 강남로 379 1층   Ⓗ 매일 11:00~20:00
- Ⓣ 0507-1352-1208   Ⓘ @cafe.mur   Ⓜ Map → 4-C6

6 문릿

양평에서 손 꼽히는 계곡 뷰 맛집 문릿은 그저 그 공간 속에서 뷰만 감상해도 힐링 에너지를 충전할 수 있다. 대형 카페의 장점을 최대로 살려, 예스펫존, 예스키즈존, 노펫존, 노키즈존으로 구분되어 있으니 아무런 걱정없이 언제든 누구와든 함께 방문할 수 있다. 아름다운 뷰로 종종 카페 전체 대관을 하는 경우가 있으니 사전에 인스타그램을 반드시 체크하자.

INFO
- Ⓐ 양평군 용문면 덕촌길 109 2층   Ⓗ 매일 10:00~21:00
- Ⓣ 0507-1310-1880   Ⓜ Map → 5-C2

DESSERT : 유럽 전통의 하드 브레드부터 달콤한 디저트까지

EAT UP 3.

유럽 전통의 하드 브레드부터 달콤한 디저트까지

정말 맛있는 빵집들이다. 유럽의 아침 식사를 담당하는 하드 브레드부터 달콤하기 그지없는 일본식 디저트 브레드까지. 맛있다는 말로는 부족한 양평의 대표 빵집들을 만나보자.

1 하우스베이커리

한옥을 현대적으로 재해석한 하우스베이커리는 제과기능장이 만드는 무화과케이크와 망고주스로 '전지적참견시점', '생방속오늘저녁', '생방송투데이' 등 다양한 방송에 소개되었다. 쫄깃한 인절미 안에 생크림을 넣은 소복소복, 하우스베이커리에서만 먹을 수 있는 양평옥수수빵 모두 한번 먹으면 잊을 수 없는 맛이다. 반려동물을 동반할 수 있고 넓은 주차장으로 여행객을 배려한다.

2 용문산빵공장

용문산 자락에 있는 용문산빵공장은 캐나다산 유기농 햇밀가루로만 빵을 만든다. 쫄깃한 식감이 매력적이며, 알러지 반응이 적어 빵을 먹은 뒤 속이 편안한 느낌을 받게 된다. 루프탑, 잔디정원 등 색다른 분위기에서 빵을 먹을 수 있도록 공간이 구성되어 있다.

INFO
- Ⓐ 양평군 서종면 북한강로 684 Ⓗ 매일 10:30~20:00
- Ⓣ 0507-1447-8337 Ⓘ @haus.bakery Ⓜ Map → 3-C7

INFO
- Ⓐ 양평군 용문면 용문산로 235
- Ⓗ 매일 09:00~21:00
- Ⓣ 031-774-8884
- Ⓘ @bakeryfactory235
- Ⓜ Map → 5-C5

3 쉐즈롤

수요미식회에 소개된 롤케이크 맛집 쉐즈롤. 롤케이크에 조금이라도 관심이 있는 사람이라면 쉐즈롤의 비주얼만 봐도 기초부터 탄탄히 갖춘 베이킹 실력을 알아차릴 수 있다. 8년간 블루리본 서베이에 기록된 양평의 대표 베이커리 맛집 쉐즈롤의 시그니쳐 롤케이크와 수능리 사워도우, 잠봉뵈르를 절대 놓치지 말자.

INFO
Ⓐ 양평군 서종면 낙촌길 7-7
Ⓗ 매일 10:00~17:00, 월/화/수 휴무 Ⓣ 031-775-8911
Ⓘ @chez_roll Ⓜ Map → 3-D1

4 더포레스트

빽빽한 전나무 숲 속에 들어가는 것 같은 느낌으로 손님을 맞이하는 더포레스트는 양평에서 손 꼽히는 디저트, 케이크 맛집이다. 까눌레, 팡도르와 같은 디저트도 맛있지만, 케이크가 모두 하나같이 맛있다고. 더포레스트에 들린다면 더포레스트의 영업부장이라는 별명을 가진 고양이와 인사를 나눠보자.

INFO
Ⓐ 양평군 서종면 북한강로 1284
Ⓗ 10:00~20:00, 월 휴무 Ⓣ 031-771-1575
Ⓘ @theforest_yp Ⓜ Map → 3-C18

5 중미산제빵소

천연효모를 이용해 깜빠뉴, 치아바타 등을 굽는 중미산제빵소는 유럽식 정통 하드 브레드를 맛볼 수 있는 곳이다. 또한, 메밀을 이용한 메밀식빵, 메밀팥빵 역시 쫄깃한 맛으로 많은 사람들의 인기를 끌고 있다. 잔디 마당에서 커피 한잔과 깜빠뉴를 먹으며 유럽식 아침식사를 경험해보자.

INFO
Ⓐ 양평군 옥천면 마유산로 590
Ⓗ 10:00~19:00, 수 휴무 Ⓣ 031-772-1734
Ⓘ @jungmisan_bakery Ⓜ Map → 7-C2

---

6 클라라떡앤커피

이름처럼 커피와 떡 테이크아웃 전문점으로 운영되는 클라라의 떡앤커피는 양수리 동네 주민의 핫플레이스이다. 특히나 보고만 있어도 군침이 도는 가래떡은 정말 정말 맛있다. 한가지 아쉬운 점이 있다면 너무 인기가 많은 관계로 오후에는 떡을 구경하기 어려운 날도 있다는 사실. 아메리카노 한 잔에 2500원으로 매우 합리적인 가격을 자랑한다.

INFO
Ⓐ 양평군 양서면 북한강로 23
Ⓗ 07:00~16:00, 수 휴무 Ⓣ 031-772-6350
Ⓘ @claracoffee.kr Ⓜ Map → 2-D1

7 칸트의 마을

넓은 정원을 품고 있는 모던 한옥 카페로 이미 유명한 칸트의 마을은 사실 SBS '생방송 투데이 빵 플레이스'에 치즈 브레첼 빵집으로 소개되었을 만큼 빵으로도 유명하다. 칸트의 마을 시그니쳐 라떼와 함께 먹는 바질 갈릭 바게트 역시 많은 사람들의 입맛을 사로잡았다고. '마을'이라는 이름답게 상당한 크기의 정원이 있으니 빵을 먹은 뒤에는 가볍게 산책을 해보자.

INFO
Ⓐ 양평군 강하면 강남로 102-10
Ⓗ 매일 10:00~21:00(주말 ~22:00) Ⓣ 031-772-9006 Ⓘ @kantvillage Ⓜ Map → 4-C9

8 마루정원제빵소
(좋은아침페스츄리 양평점)

검증된 페스츄리 맛집 마루정원제빵소는 늘 30종 이상의 베이커리 라인업으로 여행지를 창원한다. 얇은 결이 모두 살아있는 페스츄리는 겉은 바삭하고 속은 쫀득한 맛의 정석이다. 정면에는 화려한 분수가, 뒤편에는 황금빛 들판이 있는 마루정원제빵소는 입과 눈이 동시에 즐거운 곳이다. 야외 정원과 별관은 반려동물을 동반할 수 있다.

INFO
Ⓐ 양평군 양평읍 마유산로 197
Ⓗ 매일 09:00~21:00 Ⓣ 031-772-0722
Ⓜ Map → 4-D1

COFFEE TIME : 깊고 깊은 커피의 풍미

깊고 깊은 커피의 풍미

커피맛집들의 격전지라 해도 과언이 아닌 양평, 그곳에서도 커피에 진심 또 진심인 카페들이다. 깊고 깊은 커피의 풍미를 즐기고 싶다면 절대 놓쳐서는 안 된다.

레이트커피

에딧의 커피스토리

헌국 에어로프레스 챔피언쉽 3등에 빛나는 바리스타가 직접 커피를 내려주는 레이트커피는 모든 것이 만족스러운 카페다. 아메리카노, 라떼, 플랫화이트 등 모든 커피가 신기할 정도로 맛있다. 풍부한 아로마로 향기 가득한 드립 커피부터 달콤한 카라멜 라떼까지 퀄리티 좋은 커피의 정석을 보여주는 동시에, 계절에 맞는 다양한 시즌 메뉴가 준비되어 있으니 놓치지 말자. 양평역에서 멀지 않아 양평 커피 여행의 출발점으로 손색 없는 곳. 엘살바도르, 에티오피아 등 다양한 원두의 드립백 역시 준비되어 있으니, 커피 애호가라면 레이트커피를 잊지 말자.

모래를 이용한 샌드 추출 방식의 모래커피가 시그니쳐인 에딧의 커피 스토리는 다수의 국제 커피 챔피언쉽 심사위원 이력에 빛나는 전문 바리스타 사장님이 운영하는 카페이다. 모래커피는 핸드드립과 동일하게 주문자의 취향에 맞게 내려주신다고. 자신의 커피 취향에 딱 맞는 커피를 경험하고 싶다면, 또는 자기도 모르는 자신만의 커피 취향을 알아보고 싶다면 반드시 들러야 하는 곳이다.

INFO
ⓐ 양평군 양평읍 시민로39번길 4 1층 ⓗ 평일 10:00(일 11:00)~ 22:00(라스트 오더 21:30), 토 휴무 ⓣ 0507-1313-6334 ⓘ @ratecoffee

INFO
ⓐ 양평군 서종면 북한강로 690-1 1층 ⓗ 09:00~20:00, 격주 목/매월 둘째, 넷째주 토 휴무 ⓣ 0507-1364-8380 ⓜ Map → 3-C10

카페 롬

노르웨이어로 '공간'이라는 뜻을 가진 롬(ROM) 커피하우스에서는 북유럽 감성 가득한 공간에서 최상의 스페셜티 커피를 즐길 수 있다. 에스프레소, 로마노, 피에노로 구성되어 있는 커피 오마카세 메뉴 '롬마카세'와 함께 양평 속 북유럽 감성을 즐겨보자. 참고로, 롬 커피하우스 안 곳곳에 위치한 조각과 가구 대부분은 솜씨 좋은 사장님께서 직접 만드셨다고 한다. 섬세한 손재주로 스페셜티 커피 원두를 직접 갈아 만든 드립백 세트 역시 준비되어 있으니, 롬 커피하우스의 커피에 반한 손님들에게는 반가운 소식이 아닐 수 없다.

양평 지역에서 가장 큰 원두 로스팅 공장에서 운영하는 로스팅 타이거에서는 양평을 모티브로 한 백운봉 블렌드, 용문산 블렌드 등을 맛볼 수 있다. 아메리카노 무한 리필은 커피 맛에 웬만큼 자신이 있지 않고서야 쉽게 하기 어렵지 않을까. 매장 자체가 워낙 크고 층고도 높아 조용히 커피 맛을 곱씹을 수 있는 곳이다.

INFO
ⓐ 양평군 용문면 다문점말5길 24-14 1층 ⓗ 10:00~22:00, 월 휴무
ⓣ 0507-1315-6960 ⓜ Map → 5-C6

INFO
ⓐ 양평군 양평읍 약수사길 16 B동 ⓗ 매일 10:00~18:00
ⓣ 0507-1406-3345 ⓘ @roasting_tiger ⓜ Map → 4-C8

TRADITIONAL FOODS : 한국인의 취향을 저격하는 한식 맛집

EAT UP 5

한국인의 취향을 저격하는
한식 맛집

청정 자연, 비옥한 토지 위에서 자란 식자재로 만든 양평의 한식을 마다할 한국인은 아마 단 한명도 없지 않을까. 맛도 좋고 건강에도 좋은 건강 한식이 떠오른다면 다음의 리스트 먼저 체크해보자.

① 박금순특허 청국장돌솥밥

양평을 대표하는 건강밥상 박금순특허청국장돌솥밥은 이름 그대로 십수년간 개발한 청국장으로 특허를 받은 곳이다. 직접 키운 야채와 채소와 정성을 담아 차린 건강밥상을 즐겨보자. 깊고 구수한 맛과는 다르게 청국장 냄새가 심하지 않아 평소 청국장을 즐기지 않던 사람들도 부담 없이 갈 수 있다.

INFO
Ⓐ 양평군 용문면 용문산로 179 1층
Ⓗ 매일 09:00~20:00
Ⓣ 031-775-9228 Ⓜ Map → 5-R3

② 고바우설렁탕

양평군이 선정한 30년 전통의 장수음식점 고바우설렁탕은 깊고 맑은 국물이 일품이다. 일반 설렁탕은 밥이 말아져 나오고, 특 설렁탕은 고기를 더 넣고 밥이 별도로 나온다. 일반 설렁탕을 시켜도 밥은 무료로 리필할 수 있다. 깍두기 국물이 따로 비치되어 있으므로 취향껏 설렁탕을 즐기자.

INFO
Ⓐ 양평군 용문면 은고갯길 3
Ⓗ 07:00~20:30, 수 휴무
Ⓣ 031-771-0702 Ⓜ Map → 5-R2

③ 광이원농가맛집

마당에 늘어선 장독대가 범상치 않은 이곳은 30년 경력의 전통장류 명인인 어머니와 대한민국 조리기능장 딸이 함께 운영하는 양평군 유일의 농촌진흥청 지정 농가맛집이다. 모녀가 함께 경기도 대표로 한식대첩에 출연했으며, 친환경 채소로 요리한 한정식을 선보인다.

INFO
Ⓐ 양평군 용문면 용문산로 120-13
Ⓗ 11:00~19:00, 월 휴무
Ⓣ 0507-1391-4700 Ⓜ Map → 5-R1

④ 회령손만두국

'식객 허영만의 백반기행'에 소개된 함경도 회령식 손만둣국을 만나보자. 슴슴하고 담백한 이북식 만두와 역시 이북식으로 슴슴하게 담근 김치를 함께 먹어보면 집에 돌아와서도 계속 생각이 나게 된다. 8시까지 운영하지만 재료 소진으로 조기 영업 종료하는 경우도 있으니 방문하려거든 미리 전화를 걸어볼 것을 권한다.

INFO
Ⓐ 양평군 용문면 용문로 827
Ⓗ 08:00~20:00, 수 휴무
Ⓣ 031-775-2955 Ⓜ Map → 5-R6

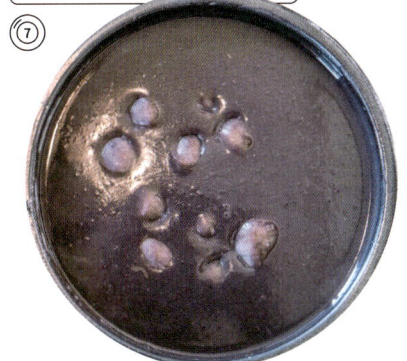

INFO
- ⓐ 양평군 서종면 북한강로 641
- ⓗ 매일 11:00~19:20, 월 휴무 ⓣ 031-774-5969
- ⓜ Map → 3-R1

⑦

INFO
- ⓐ 양평군 옥천면 옥천문화마을3길 15-24
- ⓗ 매일 11:30~22:00 ⓣ 0507-1373-0890
- ⓜ Map → 4-R2

⑤

 ⑤ 대디스바베큐

 ⑥ 몽실식당

 ⑦ 문호리팥죽

 ⑧ 뜰안채

캠핑을 컨셉으로 한 대디스바베큐에서 양평읍내를 한 눈에 내려다 보며 먹는 120분 간 참나무 숯으로 훈연한 육즙 가득 항아리바베큐는 입에서 살살 녹을 수 밖에 없다. 야채 세트는 돼지고기와 찰떡 궁합인 미나리를 포함하여 버섯, 고추, 호박, 파인애플 등 다채로운 구성을 자랑한다.

양평을 지나치는 자전거족들 사이에서 먼저 맛집으로 소문난 몽실식당은 국내 유일 도래창 전문점이다. 지리산 고원에서 자란 프리미엄 육보흑돈의 육즙에는 감칠맛이 가득하다. 양평역에서 멀지 않아 대중교통으로도 쉽게 방문할 수 있고, 양평역 공영주차장이 있어 주차도 용이하다.

식물성 유산균으로 발효하여 만든 최상의 팥죽 맛을 경험할 수 있는 문호리팥죽. 기본 간이 되어 있지 않고, 설탕과 소금 간을 직접 하는 곳이라 소금이나 설탕만 넣어 먹다가 나중에 다른 하나를 추가하는 방식으로 즐길 수 있다. 팥죽 이외에 구수한 팥 칼국수 역시 인기 메뉴.

용문산관광단지 안에 자리한 뜰안채는 아름다운 한옥 건물 안에서 건강한 식단을 즐길 수 있는 곳이다. 한옥 개별룸이 있어서 소중한 사람과의 중요한 식사 자리에도 제격인 곳. 입맛을 돋우는 다슬기강된장비빔밥으로 배를 든든히 채우고 용문산을 걸어오르는 것은 어떨까.

INFO
- ⓐ 용문면 용문산로628번길 6
- ⓗ 10:00~20:00, 화 휴무
- ⓣ 0507-1411-7893
- ⓜ Map → 5-R4

⑧

INFO
- ⓐ 양평군 양평읍 양평장터길 9-1
- ⓗ 11:00~21:20, 화 휴무
- ⓣ 0507-1318-9296
- ⓜ Map → 4-R4

⑥

RESTAURANTS : 양평의 숨은 세계음식 고수

양평의 숨은 세계음식 고수

양평의 대자연 속에서 세련된 글로벌 다이닝을 경험하고 싶다면 눈 여겨 봐야하는 곳들이 있다.
로컬들만 알고 있는 숨은 세계음식 맛집들을 만나볼 시간이다.

ITALY

JAPAN

1. 다 안토니오 이탈리안 컨템포러리

다 안토니오 이탈리안 컨템포러리는 오너 셰프 안토니오가 이탈리아 유학 당시 영감을 받았던 레스토랑을 모티브로 2년 동안 건축한 양평 속 작은 이탈리아이다. 직접 재배하는 유기농 하우스와 계절에 따라 수확되는 유실수를 제공하며, 치즈와 프로슈토 역시 직접 제조하여 숙성시킨다. 국제요리경연대회에서 문화관광부장관의 대상 및 금상을 수상하고 1999년도부터 백석문화대학교 외식산업학부 전임교수로 재직했던 셰프 안토니오의 시그니쳐 메뉴는 나폴리 스타일 화덕피자. 가급적 사전 예약을 추천한다.

Ⓐ 양평군 옥천면 향교길45번길 13
Ⓗ 11:30~21:00, 월/화 휴무
　브레이크 타임 15:00~17:00
Ⓣ 0507-1404-5228
Ⓜ Map → 7-R3

2. 지평소바

일본 시골마을을 그대로 구현해놓은 듯한 지평소바는 일본에서 20년을 살며 좋은 음식에 대한 감각을 쌓은 사장님 홀로 운영하는 1인 키친이다. 점심에는 양파 튀김을 말아먹는 온소바가 메인이며 시즌별로 메뉴가 계속 변경된다. 저녁은 별도 예약제로 운영되는 원테이블 레스토랑 시스템이다. 마치 '센과 치히로의 행방불명'에 나올 듯한 레스토랑 역시 사장님이 11개월 동안 손수 지은 작품이라고. 테이블이 모두 3개인 아담한 규모로 사장님과 간간히 스몰 토크를 나눌 수 있다.

Ⓐ 양평군 용문면 용문로 147
Ⓗ 런치 11:30~15:00, 디너 17:30~21:30,
　월/화 휴무
Ⓣ 오픈카카오톡 : 지평소바

 달소미카페

독특한 삼각 노출 콘크리트 건물이 인상적인 달소미 카페에서는 기본에 충실한 브런치를 맛볼 수 있다. 싱싱한 연어 샐러드, 후숙이 잘 된 아보카도 샐러드, 부드러운 부라타 치즈 샐러드 등이 인기 메뉴이며, 산뜻하고 섬세한 플레이팅 역시 인증샷을 부른다. 오레오쿠키아이스크림쉐이크처럼 아이들의 취향을 저격할 메뉴 역시 준비되어 있다. 친절하신 사장님께서 네이버 플레이스 공지 기능을 적극적으로 활용하시니 방문하기 전에 반드시 체크할 것.

Ⓐ 양평군 옥천면 신복복동길 20-17
Ⓗ 10:00~20:00 (주말 09:30 오픈), 목 휴무 Ⓣ 0507-1485-7851
Ⓜ Map → 7-C4

 수제버거924

'식객남녀', '아이돌투어' 등 여러 방송에 소개된 양평 버거 맛집 수제버거924는 버거 경력 20년이 넘는 부부가 직접 운영하는 매장으로 30종류의 수제버거를 맛볼 수 있는 곳이다. 천연발효종 번과 잘 숙성된 패티가 잊을 수 없는 맛을 선물한다. 특히, 다양한 소스를 직접 끓여 만들기 때문에 다른 곳에서 맛보기 어려운 감칠맛을 느낄 수 있기 때문에 양평 외 지역에서도 찾아오는 손님들이 많다고 한다. 싱싱한 재료를 쓰기 때문에 농림수산부에서 인증한 안심식당이기도 하다.

Ⓐ 양평군 양평읍 중앙로167번길 48-8
Ⓗ 10:00~20:00, 화 유무 Ⓣ 0507-1401-0924
Ⓜ Map → 4-R1

NOODLES : 먹어도 먹어도 끊을 수 없는 면을 찾아서

먹어도 먹어도 끊을 수 없는 면을 찾아서

양평의 면식수행 성지들을 한 데 모았다. 소바, 국수, 짬뽕 등 면을 사랑하는 사람을 설레게 만들 양평의 면식수행처를 공개한다.

소고리막국수 비빔막국수

ⓐ 양평군 서종면 소구니2길 5
ⓗ 매일 11:00-20:00 ⓣ 031-773-7072
ⓜ Map → 3-C9

③

예지현 짬뽕

ⓐ 양평군 양평읍 관문길8번길 7
ⓗ 10:00-20:00 (주말~17:30), 브레이크 타임 14:40-16:30 ⓣ 0507-1449-0989 ⓜ Map → 4-R6

②

박승광해물손칼국수

1
박승광해물손칼국수

꽃게, 미더덕, 북어, 다시마 등 13여 종 재료를 넣고 2시간 동안 우린 육수와 매일 직접 제면한 면으로 만든 손칼국수를 전복, 통낙지, 새우 등이 푸짐하게 담긴 해물찜에 얹었다. 박승광해물손칼국수에서 쫄깃한 면과 깊은 국물을 동시에 즐겨보자. 케이지만 있다면 반려동물도 동반할 수 있다. 대중교통을 이용해도 불편함이 없고, 인근에 무료 공영주차장이 있어 주차도 편리하다.

ⓐ 양평군 서종면 북한강로 962
ⓣ 0507-1322-5816
ⓗ 11:00~21:00, 브레이크 타임 15:30~16:30
ⓜ Map → ③-B-4

①

2
예지현

양평을 대표하는 담백한 중식당 예지현의 주력 메뉴는 짬뽕이다. 특히, 꼬막짬뽕은 방송에도 소개된 바 있다. 과하게 칼칼하거나 맵지 않지만 뱃속 깊은 곳까지 시원하게 만드는 짬뽕 국물이 일품. 계란 후라이를 직접 부쳐먹을 수 있도록 무료 제공한다. 시그니쳐 메뉴 짬뽕 이외에도 푸짐하고 바삭한 탕수육 역시 인기 메뉴이다. 음식이 빠르게 나오는 편이라 회전율이 높으니 사람이 많더라도 잠시만 기다려보자.

파육칼 통뼈해장

옥천고읍냉면 완자

④
Ⓐ 양평군 양평읍 물안개공원길 51
Ⓗ 09:30-20:00, 매달 첫/세번째 월 휴무
Ⓣ 0507-1376-6635
Ⓜ Map → 4-R5

파육칼 차돌숙주볶음

옥천고읍냉면 물냉면

⑤
Ⓐ 양평군 옥천면 옥천길98번길 6
Ⓣ 031-772-5302
Ⓗ 11:00-18:00(재료 소진시 마감), 화 휴무
Ⓜ Map → 7-R1

소근리막국수

감칠맛 나는 쫄깃한 막국수로 유명세를 타 이미 수많은 언예인이 다녀간 소근리막국수는 막국수 뿐만 아니라 감자전과 수육도 좋은 평을 받는 곳이다. 전반적으로 양이 푸짐한 편이라 어떤 메뉴를 시켜도 배부르게 먹을 수 있다. 반려동물을 동반할 수 있는 테라스가 있다. 동치미막국수, 들기름막국수, 비빔막국수 중 최고로 꼽는 메뉴가 사람마다 각기 다르다 하니 어떤 메뉴를 택해도 후회가 없지 않을까.

파육칼

파육칼은 특이하게도 칼국수 면을 따로 준다. 이 칼국수 면을 상삭불 아궁이에 끓여 푹 고는 사골 육수로 진한 맛을 우려낸 육개장 국물에 넣으며 바로 양념이 배어 파육칼이 완성된다. 신라면 정도의 맵기여서 초등학생들도 곧잘 먹을 수 있다. 생방송투데이, 생방송오늘저녁, 모닝와이드 등 각종 방송에 주기적으로 소개되고 있을만큼 그 맛을 인정받고 있다. 이기기 먹을 수 있는 아기밥(공기밥+김가루+참기름+멸치볶음) 메뉴가 별도 준비되어 있으니 가족 단위로 방문해도 좋다.

옥천고읍냉면

옥천고읍냉면은 해주식 옥천냉면의 본고장 녹전면에서도 현지인이 쉽는 최고의 냉면 맛집이다. 양평 로컬의 입맛을 사로잡은 비결은 다름 아닌 깔끔한 맛. 시원하고 깔끔한 맛이 일품인 물냉면과 완자 그리고 편육은 평양식도 함흥식도 아닌 해주식만의 특별한 매력을 보여 준다. 완자와 편육 반반 메뉴가 준비되어 있어 사이드 메뉴를 고민할 필요가 없으니, 물냉면과 비빔냉면 둘 중 하나만 선택하면 된다. 참고로, 먹고 남은 음식은 포장이 가능하다.

ACTIVITY & EXPERIENCE

양평을 보다 입체적으로 즐길 수 있는 액티비티를 만나보자.
평생 함께 하고픈 연인과 함께, 사랑하는 가족과 함께 즐기면 재미가 두 배가 된다.

Market
양평 시장

경기도에서 가장 넓은 양평에는 1900년 초 중반부터 시작된 유서 깊은 4대 전통시장이 있다. 그리고 현재에도 매달 3일, 8일, 13일, 18일, 23일, 28일에 5일장의 전통을 이어간다. 저렴한 가격에 품질 좋은 작물, 채소, 과일 등을 살 수 있으며, 5일장에서만 만나볼 수 있는 추억의 간식거리도 풍성하다.

THE LOCAL

5일장과 농촌체험마을, 양평을 깊숙하게 알아가는 또 하나의 방법이다. 낮에는 밭의 흙을 쥐어보고, 밤이면 별을 헤아리는 시간을 가져 보는 것은 어떨까. 밤이면 별이 눈부시게 빛나는 농촌 마을에서 하루를 보내는 것은 사실 꽤나 낭만적인 여행이다.

① 양평물맑은시장(3, 8일장) : 양평읍 양평시장길 11-1
② 용문천년시장(0, 5일장) : 용문면 용문시장2길 11
③ 양수리전통시장(1, 6일장) : 양서면 양수리 1060
④ 양동쌍학시장(4, 9일장) : 양동면 쌍학리 213-11

농촌마을 체험 프로그램은 통상 인당 30,000원에서 50,000원 정도의 비용이 소요되며, 프로그램 비용에 맛있는 시골밥상 식사가 포함되어 있다. 최소 인원 20-30명 이상 모집되어야 진행되며, 한 가지 유의 사항은 아동의 경우 어른이 반드시 함께 해야 한다는 것이다. 양평의 농촌 마을 체험 콘텐츠는 당연히도 양평의 특산물을 중심으로 구성되어 있다. 친환경 농법으로 생산되는 배, 농약을 치지 않은 딸기 등을 수확하고 다양한 가공 식품을 만들어 볼 수 있다. 청정한 자연 속에서 구슬땀을 흘리며 농촌의 하루를 체험해보는 시간은 특별한 추억이 된다.

Experience
양평 농촌체험마을

양평군에서는 각 지역 농촌마을 준비한 다양한 농촌체험 활동 프로그램을 체험할 수 있다. 시기에 맞춰 그리고 마을 특성에 맞춰 김장체험, 고구마 수확, 배따기, 곤충디오라마 만들기 등 이 준비되어 있다. 단체로 신청할 경우 마을 예산이 허락한다면 교통편을 마련해주기도 한다고. 때로는 어릴 적 외갓집에 놀러간 것 같은, 때로는 숨 가쁜 도시생활 중 잃어버린 쉼과 여유를 되찾으러 고향에 온 것 같은 그런 경험이 가득한 양평 농촌 나드리 프로그램에 도전해보자.

대표 웹사이트 : https://ypnadri.com/
인스타그램 : www.instagram.com/yp_nadri/

1.
양평곤충박물관

- Ⓐ 양평군 옥천면 경강로 1496 양평환경사업소
- Ⓗ 9:30 – 17:00(휴게시간 12:00 – 13:00)
- Ⓟ 일반 3,000원 소아, 어린이, 청소년, 군인 2,000원 Ⓗ www.yp21.go.kr/museumhub
- Ⓜ Map → 4-★3

2
양평 기흥성뮤지엄

- Ⓐ 양양평군 강하면 강남로 267
- Ⓗ 11시 – 18시 (정기휴무 월요일)
- Ⓟ 무료 입장
- Ⓜ Map → 4-★4

3
양평 양떼목장

- Ⓐ 양평군 용문면 은고갯길 112
- Ⓗ 9:30 – 17:30 (일요일 30분 연장 영업 / 종료 1시간 전 매표 마감) Ⓟ 입장권 6000원 (건초 가격 포함) Ⓜ Map → 5-★5

4
토이전시관+ 풀향기허브나라

- Ⓐ 양평군 용문면 용문산로 120-5
- Ⓗ 매일 10:00 –17:00
- Ⓟ 성인 5,000원 어린이 3,000원 (음료 포함) Ⓜ Map → 5-★6

FAMILY TIME

1.
곤충학 전문가 신유항 교수가 무상 기증한 곤충 표본 총 1,500여 점을 바탕으로 개관한 곤충박물관이다. 곤충 포본을 상설 전시하고 있으며, 다양한 교육 프로그램이 마련되어 있다. 1층의 살아 있는 곤충체험실에서는 살아있는 곤충을 관찰하고 만져볼 수 있어, 아이들의 관심이 뜨겁다.

2.
건축모형의 거장 기흥성 선생이 50년간 제작한 1,000점의 모형 작품이 전시되는 국내 유일 모형 전문 뮤지엄이다. 삼국시대부터 조선시대, 현대건축 산업 모형 등 다양한 건축물을 철저한 고증을 거쳐 축소 재현하였다. 뮤지엄 뒤편으로는 고즈넉한 분위기가 아름다운 강하수변공원이 있다.

3.
건초먹이주기체험장, 아기동물교감장, 위험천만놀이터 등 상당한 규모를 자랑하는 양평 양떼목장은 아이는 감수성을 발달시키고 어른은 동심으로 돌아갈 수 있는 체험장소이다. 여름에는 수국, 가을에는 핑크뮬리가 만개하기 때문에 아름다운 추억을 사진으로 남길 수 있는 포토스팟도 있다.

4.
토이전시관에는 개인 콜렉터가 수집한 6,000점의 피규어가 모여 있다. 마블을 비롯해 유명 캐릭터 피규어와 토이 그리고 실제 인물의 피규어가 전시되어 있어 아이와 함께 대화를 나눌 소재가 무궁무진하다. 토이전시관과 연결되어 있는 풀향기 허브나라 역시 작은 네덜란드가 연상되는 아기자기한 수목원이다. 다양한 허브와 야생화를 가까이서 보고 관찰할 수 있다.

ACTIVITY

양평을 보다 입체적으로 즐길 수 있는 액티비티를 만나보자. 평생 함께 하고픈 연인과 함께, 사랑하는 가족과 함께 즐기면 재미가 두 배가 된다.

LEISURE

5.
양평의 여름은 핫하다. 그리고 시원하다. 뜨거운 태양 아래 수상스키와 웨이크보드를 타며 북한강, 남한강 물결을 갈라보는 것은 잊지 못할 추억이 된다. 양평에는 수많은 워터스포츠 업체와 빠지가 있는데, 대부분이 우수한 실력의 전문 강사진을 갖춘 곳이며, 안전하게 입문 체험도 가능하다.

6.
2014년 문화체육관광부에서 실시한 관광두레사업의 일환으로 시작된 동동카누는 양평의 카누체험은 어느덧 양평의 대표 레저 콘텐츠로 자리 잡았다. 특히 용 머리를 한 드래곤 보트를 타고 단합하여 노를 젓는 프로그램은 팀웍과 단결력을 강화하는데 특효라 수많은 기업체 임직원들이 찾는다고.

7.
양평은 서울 도심에서 가장 가까운 거리에서 패러글라이딩을 즐길 수 있는 지역이기도 하다. 해발 860m의 유명산 활공장에서 날아올라 아름다운 남한강, 북한강을 하늘에서 바라보는 경험은 인생의 잊지 못할 체험이 될 것이다.

수상스키/웨이크보드
쎄시봉 수상레저 : https://www.instagram.com/cestsibon_yangpyeong/
넵튠 수상레저 & 웨이크서핑 인싸서프
https://www.instagram.com/insidewake/

카누
동동카누 : http://www.ypcanoe.co.kr/

패러글라이딩
양평패러글라이딩파크 : https://www.yppara.co.kr/
패러러브 양평패러글라이딩 캠프 : https://para114.com/

PLACES TO STAY

양평에서 숙소 예약하기

매력적인 펜션이 가득한 양평에서 한번 더 눈길이 갈 수 밖에 없는 그런 매력을 지닌 숙소를 고르고 골랐다. 길고 긴 숙소 리스트로 선택 장애가 온다면 다음 리스트를 한번 살펴보는 것은 어떨까.

1 아틴마루

'At'과 'In'을 합친 'Atin'에 '으뜸, 하늘'을 뜻하는 순우리말 '마루'를 더한 아틴마루는 이름 그대로 자신의 내면 안을 들여다보기에 으뜸인 곳이다. 고개를 이리저리 돌려보아도 눈에 들어오는 건 자연뿐, 들리는 건 새 소리와 계곡물 소리가 전부인 이곳은 숙소 주변에 특별한 놀거리, 볼거리가 없는, 그야말로 자신의 내면으로 여행을 떠나는 사람들을 위한 곳이다.

Ⓐ 양평군 서종면 명달리
Ⓘ @atin.maru_

2 오후다섯시

한국관광공사의 공식 품질 인증을 받은 전통 한옥스테이 '오후다섯시'에서는 고즈넉한 한옥에 현대적인 편리함을 더한 이곳은 최대 5인이 투숙할 수 있는 상당한 규모의 객실과 더불어 넓직한 마당이 매력 포인트이다. 진정한 한옥은 객실과 숙박시설 나아가 주변 환경까지 조화로워야 완성되는 것 아닐까. 한가로운 한옥스테이를 경험하고 싶다면 필히 체크해볼 것.

Ⓐ 양평군 개군면 불곡부처울길 51
ⓘ @stay.5pm

3 주주송

감성 가득한 펜션 주주송은 조용한 숲 속에서 반려동물과 함께 행복한 추억을 만들 수 있는 곳이다. 뿐만 아니라 숲이 환히 보이는 통창이 있는 스파를 즐길 수도 있고, 단독 데크에서 바비큐를 즐기는 것도 가능하다. 가까운 거리에 있는 중미산 천문대에서 밤하늘을 관찰하는 것 역시 놓칠 수 없는 즐거움.

Ⓐ 양평군 옥천면 중미산로 1231
Ⓤ https://www.zoozoosong.com
ⓘ @zoozoosong_yp

4 보통의 하루

150평 규모의 독채 펜션에서 하루 온종일 불멍하며 물멍하며 쉼을 누리고 싶다면 보통의하루에 가야한다. 펜션 바로 앞 개울에서 흘러가는 물을 바라보고, 마당에서 활활 타오르는 화롯대를 바라보는 보통의 하루를 누려보자. 따뜻한 날에는 밤하늘에 반짝이는 별을 나홀로 감상하는 별멍도 가능하다.

Ⓐ 양평군 단월면 양동로 18-13
Ⓤ https://ordinaryharustay.modoo.at
Ⓘ ordinary_harustay

5 길조호텔

고풍스러운 외관의 목조 건물인 길조 호텔은 국내에서 보기 드물게 일본식 호텔의 모든 특징을 갖고 있는 진짜 일본식 호텔이다. 남한강을 뒤로 하고 정면에는 논밭이 펼쳐져 있는 길조호텔은 입장에서 체크인 과정까지가 모두 너무 낭만적이다. 예약방법은 다소 독특하다. 전달 1일 오전 10시 전화로만 예약을 받고 있으며, 예약 경쟁이 상당히 치열하다고.

Ⓐ 양평군 강상면 독배길 32-25
Ⓣ 031-774-7019 Ⓘ giljo_ Ⓜ Map → 4-R1

6 아지트 아날로그

중원계곡 해발 400m에 위치한 아지트 아날로그는 국내 테니스 애호가들 사이에서는 이미 꿈과 같은 호텔이다. 대한민국 최상급 US 오픈 규격의 테니스 코트를 갖고 있기 때문. 형형색색이 마치 오즈의 마법사를 떠올리게 하는 호텔 안으로 들어가면 LP바, 모닥불 감성의 BBQ HAUS 등이 있다.

Ⓐ 양평군 용문면 중원산로 521-12
Ⓣ 031-774-8700　Ⓤ http://www.ouragit.co.kr　Ⓜ Map → 5-H1

7 현대블룸비스타

강한 개성을 가진 펜션이 주를 이루는 양평에서 흔치 않은 깔끔하고 모던한 호텔을 찾는다면 현대블룸비스타를 먼저 고려해보자. 남한강변 양평 카페거리 인근에 위치해 교통도 편리하고, 주변에 이함캠퍼스, 카포레 등 양평의 랜드마크와도 가깝다. 또한 다양한 캐릭터룸과 키즈시설이 있어 영유아 동반 여행객들에게 큰 인기를 끌고 있다.

Ⓐ 양평군 강하면 강남로 316 블룸비스타
Ⓤ https://www.bloomvista.co.kr

PLAN YOUR TRIP : FESTIVAL

Festival

> 양평에는 정말 많은 축제가 여행객들을 기다리고 있다.
> 축제 정보는 양평문화재단에서 운영하는 양평문화달력을 통해 실시간으로 확인할 수 있다.

January
빙어 축제

양평 깊은 산 속에 위치한 백동저수지는 수면적 13,000평 규모, 최대 수심 22미터의 계곡형 저수지이다. 1992년부터 빙어낚시를 시작하여 현재는 대표적인 수도권 빙어낚시 명소로 거듭났다. 빙어낚시는 물론 얼음 미끄럼틀, 얼음바이크, 어린이 ATV, 아이스범퍼카, 연날리기 등 다양한 겨울 놀이 콘텐츠가 마련되어 있어 추위를 잊고 동심으로 돌아갈 수 있는 축제이다.

March
단월 고로쇠 축제

양평의 봄을 알리는 대표적인 봄 축제. 20년 이상의 역사를 자랑하는 유서 깊은 축제로서 한 해의 풍요로움을 기원하는 산신제를 비롯하여 겨울이 지나고 찾아온 따뜻한 봄기운을 만끽하여 건강을 챙길 수 있는 콘텐츠가 상춘객을 맞이한다.

April
산수유 한우 축제

산수유 꽃의 꽃말은 '불멸의 사랑'. 뜨거운 꽃말만큼이나 열정 가득한 산수유 한우 축제는 20년 넘도록 양평의 대표 축제 중 하나로 자리매김해왔다. 산수유 꽃놀이를 즐기고 A++ 등급 한우를 맛볼 수 있으며, 산수유꽃터널을 걸으며 가족과, 연인과 즐거운 추억을 쌓을 수 있다.

May
용문산 산나물 축제

바야흐로 전국 각지에 다양한 축제가 열리는 계절의 여왕 5월, 양평에서는 자연에서 기른 건강한 먹거리를 듬뿍 맛보며 힐링을 경험할 수 있는 산나물 축제가 열린다. 양평에서 기른 산나물은 조선시대 임금님께 진상할 정도로 그 품질의 역사가 깊다. 경기도에서 반드시 가봐야 하는 10대 축제에도 선정된 바 있다.

July - August
세미원 연꽃 문화제

뜨거운 햇살 아래 양평의 자연은 무르익어 간다. 그중 백미는 세미원의 야외정원 가득 피어나는 연꽃일 것이다. 국내에서 세미원만 보유 중인 희귀 수련과 사람이 탈 수 있을 정도로 큰 빅토리아 수련 등 다양한 수생식물을 관람할 수 있으며, 밤 8시까지 운영되므로 여름밤 더위를 시원한 강바람으로 식히는 것도 가능하다.

October
양강섬예술축제

생동감 넘치는 축제 현장과 예술 가득한 전시를 즐길 수 있는 양강섬예술축제는 양평의 가을 정취 속에서 감수성을 일깨울 수 있는 시간을 선사한다. 양강섬 전체가 축제의 현장으로 변모하여 각종 공연, 전시 이외에 피크닉을 즐길 수 있는 축제이다.

양평 벚꽃 여행

강바람에 흔들려 눈부시게 빛나는 물결 위로 흩날리는 벚꽃놀이를 갈지
푸른 녹음이 가득한 산맥 사이사이 빈 곳 없이 연분홍빛으로 빼곡이 채운 벚꽃구경을 갈지
참 어려운 결정이 될 것이다. 물론 시간이 충분하다면 강을 낀 벚꽃, 산을 수놓은 벚꽃 모두 즐기는 것이 현명한 선택.
양평의 대표 벚꽃 명소를 소개한다.

1. 두 다리로 천천히 걸으며 벚꽃 내음을 맡고 싶다면
▶ **양평읍 갈산공원**

양평을 대표하는 벚꽃 명소인 갈산공원은 남한강변을 따라 벚꽃 향기를 맡으며 천천히 걸을 수 있도록 벚꽃길이 조성되어 있는 공원이다. 남한강과 벚꽃길이 자연스레 맞닿아 있도록 수변 환경을 신경써서 조성한 노력이 엿보이는 테마파크로서, 매년 개화 시기에 맞춰 '누리봄축제'가 열린다.

Ⓐ 경기 양평군 양평읍 양평체육공원길 24
양평읍에서 도보 15분 / 인근 주차 : 경기도 양평군 양평읍 양근리 259-1 (무료)

2. 빠르게 움직이는 차 안에서 벚꽃을 따라 드라이브하고 싶다면
▶ **양수리~서종면 북한강 드라이브 코스**
▶ **391번 지방도**

양수리에서 서종면으로 이어지는 북한강 드라이브 코스를 따라 운전하다 보면 잔잔한 물결 위로 벚꽃이 흩날리며 내려앉는 장관 속으로 들어가는 것 같은 착시를 준다. 아름다운 벚꽃 속으로 들어가는 드라이브는 잊지 못할 추억을 선사한다고. 북한강로에 자리잡고 있는 카페에서 만개한 벚꽃을 바라보며 달콤한 디저트를 즐기는 것 역시 필수 코스이다.

3. 두 다리는 너무 느리고, 자동차는 너무 빠르다면, 역시 자전거로
▶ **서후고개 라이딩 코스**
▶ **서종면 서후고개~정배리~명달리**

뺨 위로 스치는 벚꽃과 함께 적당한 속도감을 즐기는 자전거 라이딩만한 추억이 또 있을까. 자전거를 사랑하는 사람들이 사이에서 제법 유명한 서후고개는 고개 전체가 벚꽃나무로 가득한 곳이다. 허공에 가득한 벚꽃잎을 가르며 다운힐을 질주하는 벚꽃 라이딩을 즐겨보자.

PLAN YOUR TRIP : TRANSPORTATION

Transportation

> **자동차 vs 기차, 두 다리 vs 자전거**
> 양평 속으로 흠뻑 빠져들 수 있는 교통 조합은 은근히 다채롭다.
> 한 가지 방식을 고집하기보다는 다양한 교통편을 알아보자. 양평은 즐길수록 다채롭다.

1. 드라이브 in 양평
양평을 여행하려는 사람들은 자연스레 자동차가 필요하다고 생각할 것이다. 절반은 맞는 말이다. 경기도에서 가장 큰 지자체답게 면적이 굉장히 넓기 때문에 자동차가 있다면 상당히 편리하게 움직일 수 있다. 무엇보다 자연경관이 빼어나기로 이름난 양평답게 운전하는 것이 전혀 지루하게 느껴지지 않는다는 것이 양평에서 드라이브하는 것의 최대 장점이다.

2. 철길 따라 양평으로
의외로 양평은 철도 교통이 대단히 발전한 곳이다. 양평의 중심 양평읍에는 KTX가 지나가는 양평역이 있고 양평의 동쪽 지평면에 위치한 지평역에도 수도권 전철 경의중앙선이 다닌다. 지평역에서부터 삼산역까지는 무궁화호를 타고 이동할 수 있다. 양평역에서 청량리역까지는 KTX를 타면 20분만에 주파할 수 있다.

> **Tip.**
> **서울에서 양평으로 여행을 떠나려면**
> KTX from 청량리역 to 양평역 : 20분만에 도착할 수 있으며, 양평역 자체가 양평 시내에 위치하고 있어서 여행의 출발점으로 매우 편리하다.
> 경의중앙선 to 양평역 : 자전거와 함께 여행을 떠나려는 라이더라면 평일에 경의중앙선을 이용해보도록 하자. 평일 동안은 자전거를 휴대한 채 경의중앙선에 탑승할 수 있다.

3. 버스를 타고 두 다리로 걸어 양평 속으로
버스를 타고 양평을 여행하려면 도착지는 단 두 곳이다. 양평시외버스터미널 또는 용문버스터미널. 양평시외버스터미널은 동서울에서 홍천/횡성 완행 노선의 중간 기착지이다. 용문산 일대를 방문할 목적이라면 버스를 이용하는 것도 고려할 만한 선택지이다. 기본적으로 철도 교통이 워낙 잘 되어 있는 양평인만큼 철도를 이용하는 것이 아무래도 더 편리한 양평 여행길을 만들어 줄 것이다.

4. 양평에서 이리저리 움직이기
계속 반복해서 말하지만 양평은 대단히 넓고도 크다. 그렇기 때문에 자동차를 이용한 기동성 있는 여행을 계획하는 것이 아니라면, 사전에 꼼꼼히 계획할 필요가 있다. 자전거 라이딩을 희망한다면 자전거 라이딩 코스를 미리 파악하고 전철 이용 계획을 수립해보자. 도보 여행을 원한다면, 물소리길을 따라 걷는 것에서부터 시작할 수 있다. 운전에 익숙하고 넓디 넓은 양평을 부담없이 자유롭게 경험해 보고 싶은 여행자라면 차량을 가져가거나 차량 렌트를 고려해보자. 면적이 넓은 만큼 택시를 이용한 여행을 추천하기는 어렵다.

> **Tip. 경기투어패스 양평권(양평투어패스)**
> 양평투어패스는 모바일 티켓으로, 첫 입장체크 기준 24시간 내 관광지(티켓 가맹점)를 다양한 할인혜택으로 방문할 수 있는 무제한 관광패스다. 온라인 쇼핑몰에서 구입할 수 있으니, 양평 여행자라면 반드시 미리 검색해보고 여행해보자!

★ Main Spot
L Library
S Shop
R Restaurant
C Cafe
D Dessert
B Bar
H Hanok Stay

MAP
—
양평

1. 양평군 개괄

2. 두물머리 일대

3. 서종면 일대

4. 양평읍 일대

5. 용문산 일대

6. 양동면 일대

7. 옥천면 일대

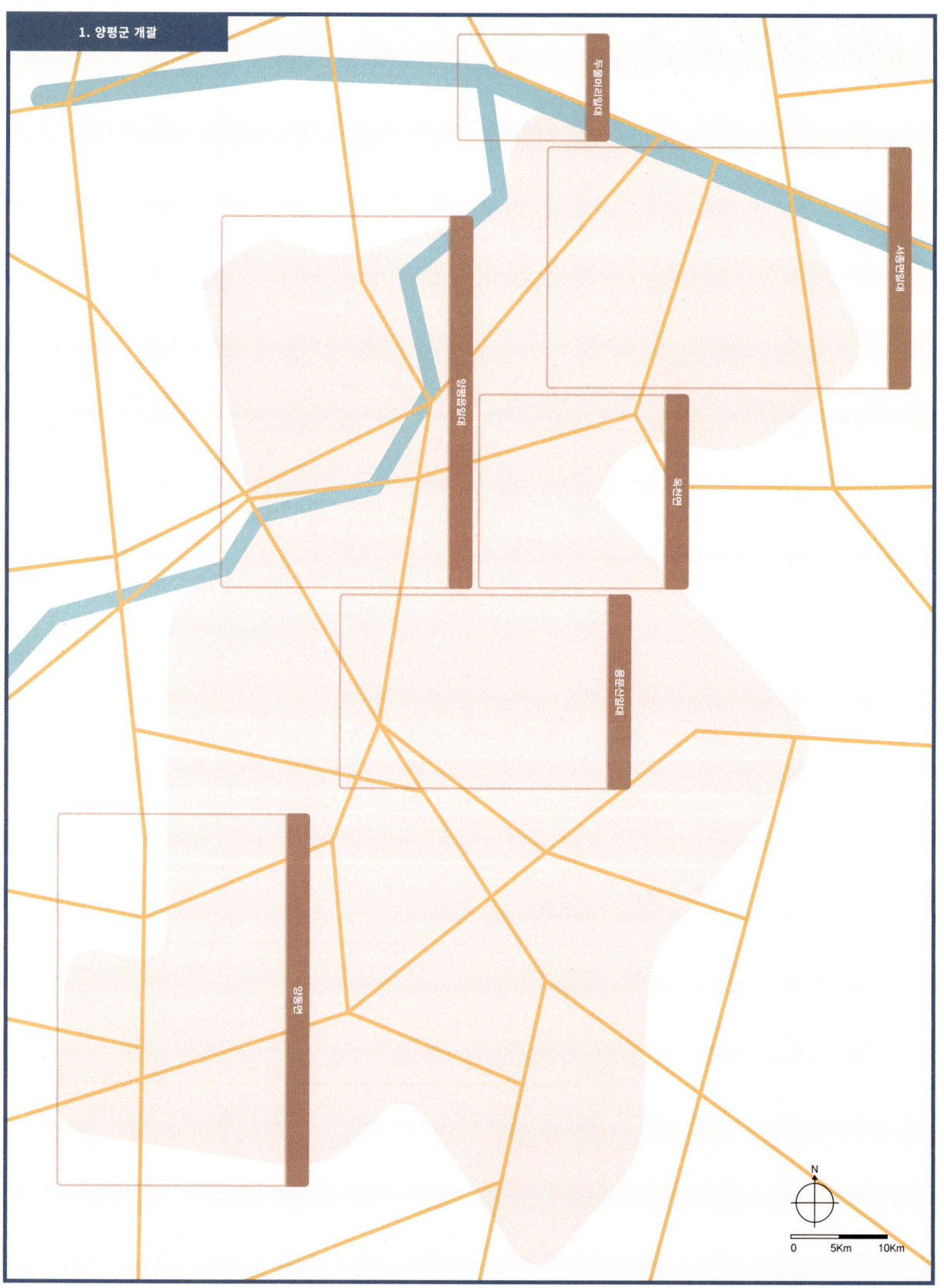

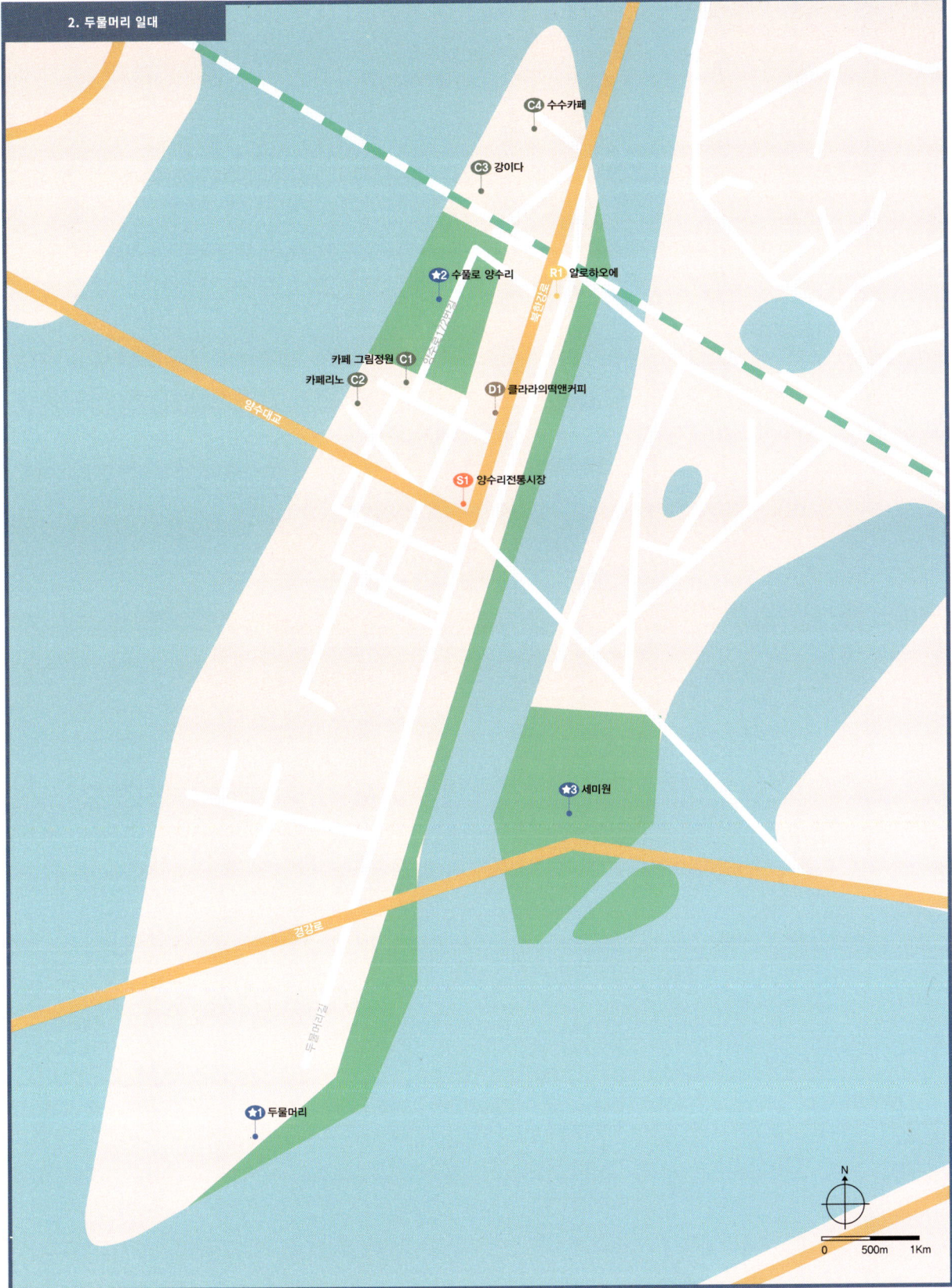

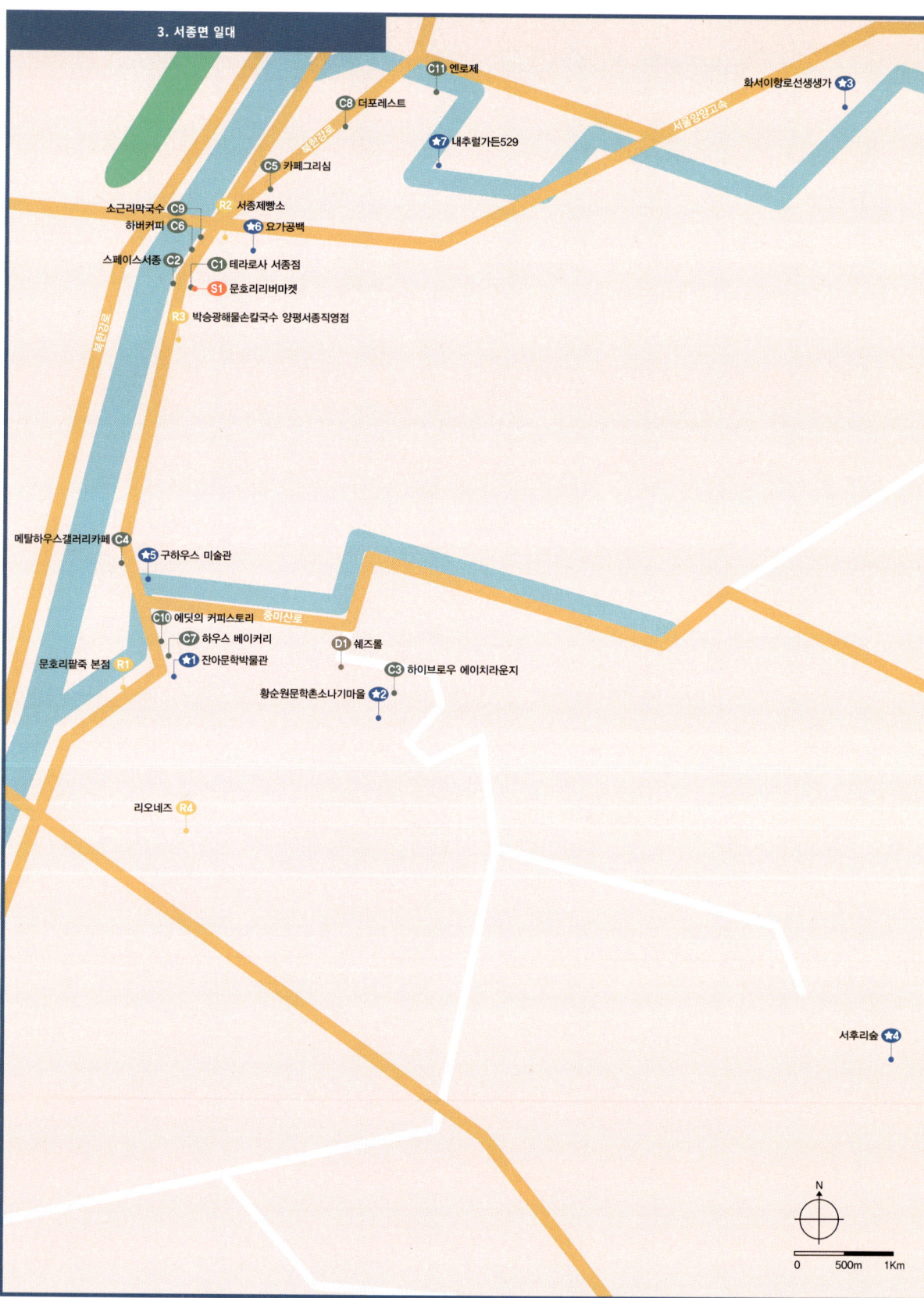

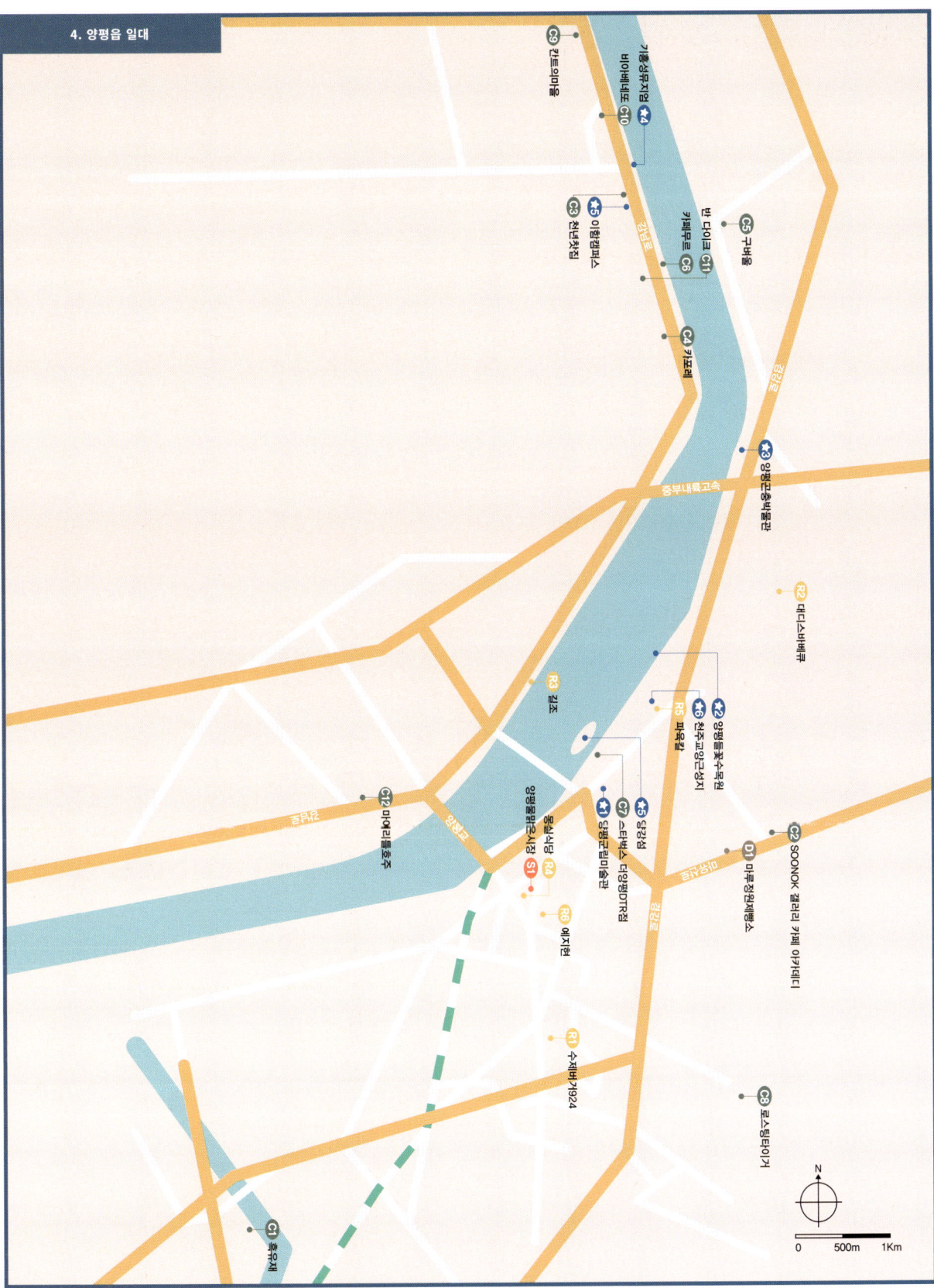

5. 용문산 일대

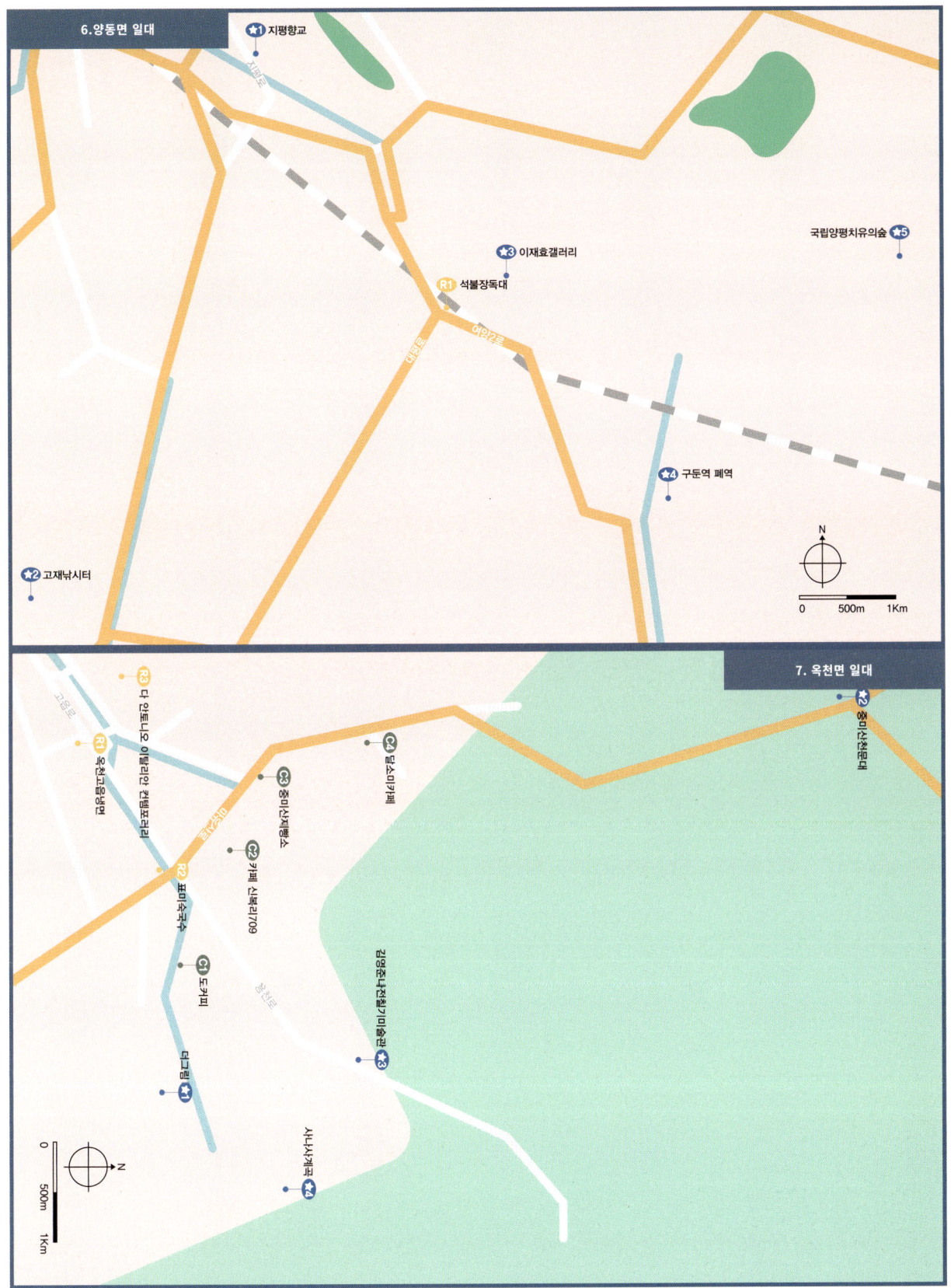

Writer
이지앤북스 편집팀

Publisher
송민지 Minji Song

Managing Director
한창수 Changsoo Han

Editors
안현진 Hyeonjin An
황정윤 Jeongyun Hwang

Designers
나윤정 Yunjung Na

Illustrators
김조이 kimjoyyyy
이설이 Sulea Lee

Publishing
도서출판 피그마리온

Brand
EASY&BOOKS
EASY&BOOKS는 도서출판 피그마리온의 여행 출판 브랜드입니다.

트래블 콘텐츠 크리에이티브 그룹 이지앤북스는
2001년 창간한 <이지 유럽>을 비롯해, <트립풀> 시리즈 등
북 콘텐츠를 메인으로 다양한 여행 콘텐츠를 선보입니다.
또한, 작가, 일러스트레이터 등과의 협업을 통해 여행 콘텐츠
시장의 선순환 구조를 만드는 데 이바지하고 있습니다.

Tripful

Issue No.30

ISBN 979-11-91657-23-4
ISBN 979-11-85831-30-5 (세트)
ISSN 2636-1469

등록번호 제313-2011-71호 등록일자 2009년 1월 9일
초판 1쇄 발행일 2023년 12월 1일

서울시 영등포구 선유로 55길 11, 6층 TEL 02-516-3923
www.easyand.co.kr

Copyright ⓒ EASY&BOOKS
EASY&BOOKS와 저자가 이 책에 관한 모든 권리를 소유합니다.
본사의 동의 없이 이 책에 실린 글과 사진, 그림 등을 사용할 수 없습니다.

* 본 도서는 양평군청의 협조 및 지원으로 제작되었으나,
  콘텐츠의 기획 및 제작은 출판사의 편집 방침에 따랐음을 밝힙니다.

www.easyand.co.kr
www.instagram.com/tripfulofficial
blog.naver.com/pygmalionpub

EASY & BOOKS

EASY SERIES Since 2001 Travel Guide Book Series

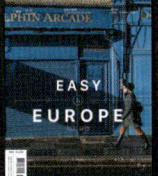

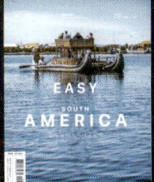

EASY EUROPE 이지유럽 **EASY SPAIN** 이지스페인 **EASY SOUTH AMERICA** 이지남미 **EASY CUBA** 이지쿠바

EASY EUROPE SELECT5 이지동유럽5개국	EASY CITY GUAM 이지시티괌
EASY CITY DUBAI 이지시티두바이	EASY CITY TOKYO 이지시티도쿄
EASY CITY TAIPEI 이지시티타이페이	EASY CITY DANANG 이지시티다낭

Tripful Local Travel Guide Books

1. FUKUOKA
2. CHIANGMAI
3. VLADIVOSTOK Out of print book
4. OKINAWA
5. KYOTO
6. PRAHA
7. LONDON
8. BERLIN
9. AMSTERDAM 
10. ITOSHIMA
11. HAWAII
12. PARIS
13. VENEZIA
14. HONGKONG
15. VLADIVOSTOK
16. JIANGI
17. BANGKOK
18. JEJU
19. HONGDAE, YEONNAM, MANGWON
20. WANJU
21. NAMHAE
22. GEOJE
23. HADONG
24. JEONJU
25. CHANGWON 
26. BT21 SEOUL
27. BT21 JEONHU WANJU
28. GUMI
29. BT21 MOKPO
30. YANGPYEONG

www.easyand.co.kr
www.instagram.com/tripfulofficial
blog.naver.com/pygmalionpub